IMAGENS NEGRAS:

Ancestralidade, Diversidade e Educação

IMAGENS NEGRAS: Ancestralidade, Diversidade e Educação

Maria de Lourdes Siqueira
(Organizadora)

MAZZA
edições

Capa
Túlio Oliveira

Diagramação
Carla Cristina da Luz

Revisão
Ana Emília de Carvalho

I 31 Imagens negras: ancestralidade, diversidade e educação. /
Organizado por: Maria de Lourdes Siqueira
Belo Horizonte : Mazza Edições, 2006.
224 p. ; 14 x 21cm.

ISBN: 85-7160-385-5

1. Sociologia - Coletânea.

CDD: 301
CDU: 301 (042)

Mazza Edições Ltda.
Rua Bragança, 101 – Bairro Pompéia – *Telefax:* (31) 3481-0591
30280-410 • Belo Horizonte - MG
e-mail: edmazza@uai.com.br
www.mazzaedicoes.com.br

DEDICATÓRIA

- À continuidade da memória de nossos Ancestrais.
- A todas as pessoas às quais estas falas se referem – atores sociais de múltiplas experiências e saberes.
- Ao IV Congresso Brasileiro de Pesquisadores Negros que se realizou na Bahia em setembro de 2006.
- Aos 33 anos da Associação Cultural Bloco-Afro Ilê Aiyê.
- Aos 25 anos da Mazza Edições.

Sumário

APRESENTAÇÃO

Encontros duradouros, reencontros fecundos, trabalho de pesquisa de campo, estudo de referências de autores que tratam de questões étnicas, culturais, raciais, vivências de um grupo de pessoas que, ao se encontrarem, vindas de lugares diferentes entre o sul e o norte do País e do Estado da Bahia, constituem neste livro partes de trabalho acadêmico em Dissertações de Mestrado apresentadas em diferentes Universidades refletindo caminhos que levam À DIVERSIDADE CULTURAL DAS ETNICIDADES NA BAHIA.

Este livro se constrói passo a passo reconstituindo memórias de um trabalho conjunto realizado no **Núcleo de Educação e Diversidade Étnico-Cultural do Programa de Pós-Graduação Mestrado e Doutorado, da Faculdade de Educação da Universidade Federal da Bahia, da qual participamos coordenando a área de diversidades étnicas do ponto de vista africano e afro-brasileiro, somando espaço com o Prof. Sérgio Farias, coordenando a área de Artes.**

Dois professores são fundamentais no caminho percorrido pelo Núcleo e pelos trabalhos aqui apresentados: o Prof. Dr. Edivaldo Boaventura, da Universidade Federal da Bahia, e o Prof. Dr. Kabengele Munanga, da USP, que, durante toda a trajetória de nossos encontros estiveram presente orientando, reorientando, apoiando e, sobretudo, acolhendo-nos com uma disponibilidade ímpar.

Quanto a mim, orientadora das Dissertações de Mestrado que dão origem aos textos que constituem a coletânea, alegrome com a dinâmica de toda essa vida que continua perpassada por muito respeito e muita amizade, e tudo só me faz crescer na convivência, na troca de aprendizagens, num momento profundamente enriquecedor. O meu encontro com Amélia, Elias, Joseania, Jussara, Maria Consuelo, Maria do Carmo, Maria Durvalina e Nanci Helena (a ordem que segui é alfabética!) se inicia a partir do momento em que eu retornava ao Brasil após haver concluído o meu doutorado na EHESS na França, sob a orientação do Prof. Maurice Godelier com quem estudei e compreendi mais profundamente a riqueza das diferenças étnicas, raciais e culturais em sociedades múltiplas e plurais.

Os textos falam da diversidade das riquezas culturais de origem africana na Bahia:

Amélia Vitória de Souza Conrado apresenta um trabalho pioneiro que ela própria realiza, estuda, pesquisa e milita, descobrindo, criando um referencial próprio para o entendimento da relação da dança em contextos educacionais. Amélia estuda e contribui com processos de formação de pessoas pela dança, sobretudo, resgatando a contribuição de professoras e professores de origem africana que estão presentes em todos os rituais que se realizam em Escolas de Dança, Escolas de Capoeira, Terreiros de Candomblé, lugares onde se recriam e se reelaboram mitologias e rituais da herança civilizatória africana, em busca de identidades, de consciência negra, de conhecimento da história, cultura e arte de origem africana.

Maria Durvalina Cerqueira Santos: COMO CONSTRUIR POLÍTICA PÚBLICA? A contribuição da Cooperativa Steve Biko no fazer pedagógico de uma política de construção da Identidade de uma nova ação racial jovem.

> O estudo parte da análise de um etapa do Movimento Negro, "uma efetiva de combate à discriminação a partir de uma nova dinâmica, negros contribuindo para a inserção de outros jovens negros na Academia, mas muito mais que isso, conscientes da importância política dessa inserção, num espaço que historicamente lhes fora negado. (CERQUEIRA SANTOS, 2000).

O estudo mostra a dimensão pedagógica do trabalho pioneiro da então COOPERATIVA EDUCACIONAL STEVE BIKO engajada no processo de alargar possibilidades de combate ao racismo, criando possibilidades educacionais de acesso de jovens negros e negras à Universidade, principalmente articulando os fundamentos científicos da Ciência Ocidental aos conhecimentos e saberes fundados nas Civilizações Tradicionais Africanas, desconstruindo ideologias, reconstruindo currículos, reforçando conteúdos específicos de matemática, física, química, biologia (para aprovar no vestibular), criando a disciplina Cidadania e Consciência Negra - C.C.N, investindo em uma consistência pedagógica capaz de construir e reconstruir identidade étnica e auto-estima sobre certezas de valorização da pessoa negra.

> A "Casa de Biko" faz pulsar cotidianamente uma energia negra resultante de tudo que compõe o ambiente: a circulação das pessoas, o ensino, o entusiasmo, as novas expectativas, além da decoração expressando princípios através de fotos, cartazes, convites, avisos, que dão a "casa preta" que se busca e cria de modo natural discussões, diálogos, a cada encontro, incluindo-se as reuniões do coletivo. (CERQUEIRA SANTOS, 2000).

Elias Lins Guimarães – estuda, pesquisa, vivência a busca da compreensão profunda da relação local e global inter-relacionada à teoria da Educação em contextos culturais formais e informais, no Bairro de Periperi da região suburbana de Salvador, por meio do processo educativo do ARAKETU Sociedade Recreativa, entidade que realiza trabalho sóciopolítico-cultural no qual a maioria da população é negra, formando novos atores sociais no próprio bairro e que circulam entre novos espaços e lugares. A abordagem é inédita à medida que Elias investe profundamente no processo de articulação teoria-prática relacionando cultura, sociedade, educação e processos de construção social das pessoas envolvidas e suas práticas de agentes comunitários.

Joseania Miranda Freitas em *Movimento Negro Contemporâneo em Salvador:* algumas memórias, reflete ações educativas do Movimento Negro Baiano em processos de formação de identidades étnicas da perspectiva de MEMÓRIAS que se recriam, se dinamizam e ao mesmo tempo são incorporadas em processos de formação das pessoas no seu cotidiano quando transformam modos de ver e pensar a existência, a história, a cultura de processos de origem africana ou não na interação com valores, costumes, tradições e metodologias que têm seu fundamento maior no legado das civilizações tradicionais africanas reelaboradas no dia-a-dia da sociedade brasileira contemporânea. É nesta perspectiva que ela entrevista militantes, constitui uma equipe de pesquisadores com professores e estudantes de Museologia com os quais organiza e analisa o acervo que constitui a memória histórico-cultural do ILÊ AIYÊ com o objetivo de criar-se um Museu do Ilê Aiyê num futuro próximo. Realiza também num processo coletivo de pesquisas e reflexões com pessoas militantes de sete entidades do Movimento Negro da Bahia (em ordem alfabética): Agentes de Pastoral Negros - APN; Associação Cultural Bloco Carnavalesco ILÊ AIYÊ, Movimento Negro Unificado - MNU, Grupo Cultural Niger – Okan, Núcleo Cultural Afro-Brasileiro, Grupo Cultural Olodum; e União de negros pela Igualdade - UNEGRO.

Jussara Rocha Nascimento: *A Arte do ILÊ AIYÊ: elo na corrente que une herança e projeto.* A autora nos brinda com um estudo da estética africana, na ESTAMPARIA DOS TECIDOS DO ILÊ AIYÊ contextualizadas a partir de sociedades e culturas de diferentes grupos étnicos do Continente Africano anteriores à colonização e acompanha a dinâmica dessas expressões artístico-culturais na Diáspora.

> "[...] O traço essencial que ela caracteriza a arte é que ela é uma reflexão ou uma mediação sobre a presença do homem no universo, uma reflexão sobre a vida, o significado. Na África significado da arte é sobretudo comunicação." (NASCIMENTO, 1998).

> "[...] 'Nunca vi nada tão emocionante' referente ao olhar de uma pessoa norte-americana ao descrever a cerimônia de saída do bloco-afro ILÊ AIYÊ." (Nascimento, 1998).

O trabalho que Jussara realiza em estudos e pesquisas para sua Dissertação de Mestrado é: A ARTE DO ILÊ AIYÊ: elo na corrente que une herança e projeto. Partindo dessa escolha de sujeito para estudo, ela busca uma compreensão do pensamento tradicional africano na Arte do Ilê Aiyê na estamparia dos tecidos que a cada ano representam a cultura e tradição de um país africano alternado à história e cultura do povo negro na diáspora brasileira e nas Américas.

O trabalho faz referência à dimensão comunitária, associativa e grupal que esta arte no Ilê Aiyê representa, unindo, identificando, socializando pessoas em torno da herança africana, símbolos, ritmos, signos, musicalidade, estética. Ela inclui nessa dimensão artística o trabalho de estamparia então criado por J. Cunha e a criação artística de Déte Lima que imprime um estilo nos adereços, penteados, turbantes e amarrações no corpo.

Maria Consuelo Oliveira, em *A Dimensão Pedagógica do Mito: um estudo no Ilê Axé Ijexá,* estuda o MITO em sua dimensão educativa de conhecimento que se realiza no interior das comunidades de origem africana e transcende em forma de aprendizagens, costumes, vivências, dinâmica de relacionamento social entre pessoas, grupos e comunidades em distintos espaços.

> O mito originário da África se expressa através do conhecimento mítico numa teia simbólica do imaginário individual e coletivo. (OLIVEIRA SANTOS, 1998).

O estudo e a pesquisa são realizados no TERREIRO DE CANDOMBLÉ ILÊ AXÉ IJEXÁ com a busca de uma fundamentação teórica estruturada sobre o pensamento de autores clássicos e contemporâneos para leitura, compreensão, interpretação de falas, expressões de pessoas que vivem e continuam no Terreiro. Uma mitologia incorporada em rituais que no dia-a-dia estabelecem formas vivas de continuidade de SABERES a respeito de presentificação da ANCESTRALIDADE, homenagem às entidades que a constituem, formas de relacionamento humano, sociabilidade no interior de uma família mítica profundamente concreta para as pessoas que a constituem, processos educativos que incorporam na vida cotidiana esses saberes, essas aprendizagens, essas trocas e sobretudo a preocupação de recriar os fundamentos civilizatórios ancestrais.

É neste sentido que Consuelo, hoje vivendo na Espanha, fala da relação Academia e Terreiro, a presença do mito na vida social das pessoas, do ser e estar no mundo respeitando princípios que revelam a existência e a riqueza de saberes e conhecimentos não considerados hegemônicos pelas sociedades ocidentais contemporâneas.

Maria do Carmo Araujo. *Tramas e redes, fios que tecem o Social: Um olhar sobre Lençóis na Chapada Diamantina, Bahia.*

A cidade de Lençóis está situada na Chapada Diamantina, no Estado da Bahia, a 410 km de Salvador, capital do Estado. A história de seu povoamento data dos fins do século XVIII e início do século XIX.

> "[...] procuro neste texto captar algumas imagens das veredas, tramas e redes tecidos por atores que constituíram o movimento social Avante Lençóis, no Município de Lençoes.
>
> [...] percebo o Movimento Social Avante Lençóis como uma ponte que possibilita as travessias entre as diversas veredas. A travessia foi feita de forma coletiva.
>
> ... elejo como principal conceito orientador deste texto, o de sociabilidade articulado com dados empíricos e secundários baseado no ensino de Bachelard para quem:

> pensar cientificamente é colocar-se no campo epistemológico e intermediário entre a teoria e a prática." (BACHELARD, 1984: 5).

> [...] do ponto de vista cultural, o Município recebeu influência de várias culturas relacionadas às tradiçõers de origem dos imigrantes que ali se instalaram, como árabes, judeus, franceses, ingleses, alemães, africanos, que vinham ainda como trabalhadores escravisados ou servis libertos, e mineradores de outras regiões do Brasil [...] Desta composição, para interesse deste artigo a forte presença da cultura africana permanece até os dias atuais na Região." (ARAUJO, 2004).

É nesta perspectiva que o trabalho de Maria do Carmo se inscreve, considerando os pressupostos por ela enunciados, em busca do estudo de novas formas de sociabilidade, ressignificando tradições, sem perder de vista avanços técnicos e científicos, conhecimentos e conquistas que também geraram inseguranças, incertezas e riscos ao lado de esperanças de uma sociedade mais solidária e também lúdica.

Nanci Helena Rebouças Franco. Este artigo, intitulado *NEGRAS IMAGENS: um estudo sobre os alunos negros da Escola Teresa Conceição Menezes no Bairro da Liberdade/Curuzu*, apresenta os resultados de uma pesquisa sobre o processo de construção de identidade étnico-cultural de alunos negros, numa Escola de 1º grau (Ensino Fundamental) na cidade de Salvador. O enfoque central é perceber o enfoque que a Escola oferece aos AFRO-BRASILEIROS (Rebouças Franco, 2000).

O trabalho de Nanci aborda a experiência pedagógico-político-cultural que se realiza no âmbito de Escolas Públicas de Ensino Fundamental nos processos educacionais que inter-relacionam alunos negros, professores negros, Educação, Escola, gente, cor, movimento, vida cotidiana. A estrutura do texto e da pesquisa apresenta quatro momentos que se articulam e ao mesmo tempo se diferenciam:

a) eu, criança negra, com uma professora, numa escola negra (escola pública no Ensino Fundamental e depois menos negra (escola privada no Ensino Médio) numa cidade negra;

b) eu, professora negra, a maioria de meus alunos negros, numa escola pública negra, numa cidade negra;

c) eu, aluna negra, cursando um mestrado, numa Universidade Pública, elitizada, estudando uma questão negra, com uma orientadora negra, numa cidade negra;

d) eu, aluna negra, defendendo uma dissertação de mestrado versando sobre uma questão negra na cidade mais negra do país, com 80% da população negra (IBGE, 1980).

É um privilégio ter vivido tudo isso, e ao mesmo tempo uma responsabilidade muito grande que realimenta o compromisso de "(re)começar tudo de novo", assim falou em Belo Horizonte no Congresso África/Brasil, Maria Mazzarelo Rodrigues, nossa Editora (26.8.2006).

Somando todas estas interfaces, perspectivas, dimensões pessoais, propósitos de estudo teórico, agudeza na análise de uma prática, este trabalho, além de pioneiro, é construído na perspectiva de proposta pedagógica, conceitual, identitária, de gênero, num contexto profundamente conscientizador e inter-relacional para compreensão da dinâmica sóciopolítica da Sociedade Brasileira, sua herança civilizatória e buscar a compreensão da riqueza da diversidades das contradições criadas por hegemonias, etnocentrismos e ocultação de racismos e desigualdades a serem transformados em riquezas de vivências de uma herança civilizatória que perpassa nossas vidas.

Maria de Lourdes Siqueira
Pedra da Sereia
Salvador, 2006

DANÇA ÉTNICA AFRO-BAIANA:
Educação, arte e movimento

Amélia Vitória de Souza Conrado[1]

Este trabalho corresponde a uma parte da nossa dissertação de Mestrado desenvolvida no ano de 1996 na cidade de Salvador, através do Programa de Pós-Graduação em Educação - PPGE da Universidade Federal da Bahia, orientado pela Antropóloga, Profª doutora Maria de Lourdes Siqueira.

Ele chama atenção para o entendimento da "Dança Étnica Afro-baiana", cujas características fundamentais, definem um estilo afro-brasileiro, expresso e percebido pelo ritmo, movimento, conteúdo, significado, afirmando a originalidade de sua procedência – Dança Afro como definem seus próprios atores.

O objetivo básico do estudo é compreender e dar visibilidade aos processos que envolvem a "Dança Afro" e tentar explicar mecanismos ideológicos e discriminações que existem contra essa forma de expressão afro-brasileira na sociedade envolvente passando pela escola oficial e setores institucionais.

Isso tudo dificulta a visibilidade do lugar histórico, social e artístico que essa dança ocupa como uma forma de conhecimento.

---

[1] Amélia Vitória de Souza Conrado é Mestra em Educação pela Universidade Federal da Bahia (1996). Coreógrafa formada pela Escola de Dança da UFBA (1992), professora do Departamento de Educação Física da Faculdade de Educação da UFBA; Pesquisadora das danças e manifestações da Cultura Afro-brasileira desde 1984. Aluna e integrante da diretoria da Escola de Capoeira Angola Irmãos Gêmeos, de Mestre Curió.

Esse processo, portanto, fica marcado por uma luta constante dos professores afro-brasileiros em se afirmar e superar as barreiras que encontram.

A problematização da pesquisa revela-se através dos processos contínuos de recriação e readaptação das simbologias e conteúdos dessa dança pelos "professores de Afro", no que diz respeito à manutenção da identidade étnica afro-brasileira, haja vista sabermos, que nessa teia de relações, perpassa uma ideologia de interdição, proveniente dos aparelhos do Estado-Nação que age no sentido de afastar, inibir, recalcar, toda e qualquer forma de ação que contemple bases diferentes das que este poder necessita para manter setores dominantes.

A pesquisa está fundamentada em pressupostos construtivista-qualitativo à medida que, apóia-se em referências teórico-metodológicas que privilegiam cotidianidade, significados, singularidades, contemplados pela Etnometodologia e pela Observação Participante. A opção por um referencial e abordagem em processo, responde à carência de uma bibliografia específica que contemple reflexões dessa natureza.

Aprofundamos o entendimento do que é a "Dança Étnica Afro-baiana" como forma de construção de conhecimento e educação, cujos princípios essenciais partem do movimento do corpo, revelando a dimensão da pessoa como ser social, valorizando-a pelo que ela é, sabe, faz, sem perder a consciência e a força de sua origem. Buscamos analisar a Dança Étnica Afro-baiana que se desenvolve no espaço das salas de aula, a partir de processos de recriação por professores de Dança Afro.

Para designar esta expressão artística, estamos introduzindo a terminologia "étnica" por se tratar de uma categoria sócio-antropológica contemporânea que designa "um grupo étnico", um povo, uma procedência, uma cultura originária de uma dada civilização, reconstruída na dinâmica de diferentes processos sócio-econômico-políticos e culturais.

Em seguida, sistematizamos as formas como essa dança existe e se apresenta em diversos espaços: Terreiros de

Candomblé, Blocos-Afro, Capoeira, Grupos Artísticos, Escolas de Arte e espaços livres nas ruas e praças da cidade.

1. POR QUE DANÇA ÉTNICA AFRO-BAIANA

No Brasil-Colônia, aportam milhões de africanos, das mais diferentes regiões, seqüestrados e escravizados pelo ibero-europeu, com o objetivo de trabalhar desumanamente, abrindo terras virgens, produzindo diversas agriculturas, levantando vilas e cidades dentre outras tarefas.

Por conta disso, os colonizadores não conseguem entender e decifrar os distintos e complexos dialetos falados pelo negro africano que, para se fazer entender, recorre à capacidade gestual para expressar-se.

Enquanto o homem branco, por outro lado, afirma ser esta uma forma de comunicação "bárbara", "primitiva", "inferior", o negro, a partir de significativas relações entre a forma verbal e a corporal, comunica-se mais facilmente com o outro negro e também com o colonizador, deixando marcas na linguagem de movimento corporal afro-brasileiro.

Encontramos nos estudos de Nina Rodrigues que:

> "a mímica e os trejeitos das interpolações tornam suave e natural a transição da língua falada para a dança. Em rigor, as danças de caça e as danças primitivas mais não são do que a representação mímica, o acompanhamento, em gestos, de narração cantada dos grandes feitos de cada povo [...]" (RODRIGUES, 1988, p. 115).

A dança para o negro é como um ritual essencial da vida, através dela revivem-se costumes, mitos, princípios iniciáticos, criam-se laços comunitários, afetivos e fala-se da vida de maneira subjetiva, criativa e mística. Assim, fortalece-se a coesão, organização sócio-política, vivências-ensinamentos, entre outras coisas.

Garaudy, 1973, cita Livingstone:

> O Banto quando encontra um estrangeiro, não lhe pergunta Quem és? mas o que danças?.
> Para um africano, o que um homem dança é sua tribo, seus costumes, sua religião, os grandes ritmos humanos de sua comunidade. A arte africana, e particularmente suas danças, suas músicas, suas máscaras... encerra uma grande lição: a dança - e todas as artes que dela se originam ou a acompanham, do canto à escultura e à poesia - tem por objetivo captar aquela força viva sobrenatural que nasce dos esforços ritmados do grupo. Como a máscara, a dança é um condensador de energia: ambas reúnem as forças esparsas da natureza e da comunidade, de seus vivos e de seus mortos, e criam núcleos mais densos de realidade e de energia.

Os núcleos culturais que praticam e divulgam a dança ocupam diversos espaços na Bahia. Destacamos, entre eles, os Terreiros de Candomblé, as Rodas de Samba, os Afoxés, a Capoeira , o Carnaval e os Blocos-Afro.

Tratando-se do nosso cotidiano, a cidade de Salvador, território de grande incidência da cultura afro-brasileira, abriga em seu espaço religioso e cultural, Terreiros de Candomblé, religião genuinamente africana.

A ritualidade das cerimônias dos Terreiros de Candomblé apresentam como característica marcante à expressividade corporal presente na gesticulação de seus adeptos incorporados ou não por suas entidades espirituais, os Orixás, formando assim uma encenação de profunda beleza mística e tendo em suas danças a composição estética do axé que sustenta a etnia negra.

Esse potencial corporal não se restringe aos espaços dos barracões, a sua transcendência territorial manifesta-se através da recriação de suas danças por atores sociais, os quais estabelecem em seus núcleos pedagógicos uma educação movimento.

O samba, dança étnica oriunda de Angola, constitui-se num elemento de resistência e força no Brasil, através do qual o negro africano se fez presente desde o séc. XVI estabelecendo uma ação social e política frente ao sistema vigente. Segundo Sarmento, citado por Ramos,

> Batuque e samba tornaram-se dois termos generalizados para designarem a dança profana dos negros no Brasil. Mas, em outros pontos, tomavam designações regionais por influência desta ou daquela tribo negra, que forneceu um maior contingente de escravos a esses pontos. (RAMOS, 1954, p.125).

Já em 1954 discutia Arthur Ramos, sob o ponto de vista da etnografia, como caracterizar as danças de origem africana, haja vista observar três etapas que levaram o samba a sofrer modificações de natureza musical e coreográfica. Numa primeira etapa, a expressão era próxima da forma angola-conguesa, tempos depois, estilizou-se com elementos hispano-americanos e europeus, e, por último, é enriquecida com ricos elementos melódicos, rítmicos e coreográficos. O autor conclui afirmando: *"[...] não sabemos ainda qual a sua fixação definitiva"*. (RAMOS, 1954, p. 136)

Essa discussão contínua pertinente.

Outro fenômeno étnico-cultural de Salvador é o Carnaval, espaço que as organizações negras ocupam para expressar seu desejo de liberdade e conquista existencial.

> "No calor da festa carnavalesca, os diversos segmentos sociais se fazem representar organizados em pequenos ou grandes grupos de foliões, com a mais nítida intenção de assumirem a festa e ostentarem determinados símbolos, através dos temas, músicas, roupas e alegorias predominantes [...] tudo isso visando à afirmação de uma singularidade étnica." (GODI, 1991, p. 51).

Vemos na capital baiana o surgimento por volta dos anos 70, o "samba-reggae", uma nova batida incorporada ao som dos Blocos Afros, surgindo assim outra forma de dançar o samba, não mais em roda, mas em bloco. Este novo estilo de samba congrega elementos do reggae Jamaicano, que chegou aqui e encontrou identidade no aspecto político do movimento negro, no ritmo, na forma de usar o cabelo "rasta-fary".

Fazendo uma retomada do ponto de vista inicial proposto nesta discussão na perspectiva de contextualização da dança étnica, constatamos que desde o período do Império no Brasil, o Carnaval já preocupava os governantes, e, como nos mostra Goli Guerreiro, autora da pesquisa *História do Carnaval da Bahia* (USP, 1994), destacamos algumas de suas significativas análises.

> No período do Entrudo[2] os batuques se intensificavam, saindo das senzalas e dos Terreiros de Candomblé, ocupavam as ruas da cidade com música e dança típicas do paganismo africano. essa situação levou as autoridades a criminalizar essas práticas no intuito de proibir sua manifestação". (GUERREIRO, 1994, p. 100).

A elite governamental, recorrendo a um dos seus poderosos aparelhos de repressão, a polícia, leva esses grupos a se organizarem em forma de Clubes,

> não cooptados pelo modelo civilizador, os pretos pobres da Bahia insistiam em participar do carnaval em moldes afro-baianos. Situação que levou Nina Rodrigues a afirmar que a festa brasileira é ocasião de verdadeiras práticas africanas. (GUERREIRO, 1994, p. 101).

A década de 70 marca a retomada do processo de "reafricanização" na Bahia como coloca a autora. Desta forma, nasce do interior do bairro da Liberdade da ladeira do Curuzu, o Ilê Aiyê.

---

[2] Entrudo, segundo Peter Fry et alli (1988), citado por Godi (p. 100), é festa de herança portuguesa que reproduzia o *status* diferenciado de pretos e brancos nos tempos coloniais.

> "O Ilê Aiyê vem redefinir o espaço e a posição dos negros no Carnaval de Salvador [...], principal característica do Ilê Aiyê, e de imediato demarca sua diferença é o fato de ser um bloco de negros onde é rigorosamente vetada a entrada de brancos. Segundo Vovô, como é conhecido o fundador do bloco, essa é uma postura política [...] denuncia, às avessas, a intolerância dos brancos em relação aos pretos. Assim, busca demolir o mito da democracia racial que encontrou largos espaços na Bahia." (GUERREIRO, 1994, p. 103).

Seguiram-se ao Ilê, diversos outros blocos-afro cujas atividades extrapolam o carnaval.

Um dos traços corporais que mais representam a ancestralidade dentro da cultura negra é a dança, a qual mostra na movimentação dos orixás uma rica linguagem e simbologia. Nas danças do Terreiro de Candomblé observamos uma tradição viva, e na reelaboração dessas danças a nível didático-metodológico podemos ver a continuidade de uma tradição invadindo o espaço tempo-histórico que vivenciamos.

1.1. Situando a Dança Étnica Afro-baiana

Fazendo-se um levantamento de referências do fenômeno da D.E.A-B, que corresponde ao nosso objeto de pesquisa, constata-se que seu espaço mais original, é o lugar do ritual do Terreiro, e seu espaço mais recriado específico é a sala das instituições pedagógicas com aulas ministradas por professores de dança-afro. Neste último, interpenetram-se valores das ideologias do recalque com maior ênfase, razão que nos motivou a analisar contradições existentes que geram uma tensão no entendimento dessas realidades afins.

A D.E.A-B representa uma expressão corporal negra, composta por conteúdos ancestrais recriados através de processos pedagógicos informais, no plano das organizações étnicas e formais a nível do espaço da escola.

A estética da dança afro-brasileira no plano sagrado é marcada pelos elementos interativos simbólicos da religião africana, cujo espaço singular é principalmente destinado aos sujeitos iniciados, pré-iniciados, aspirantes, simpatizantes.

Observamos já na dimensão das ruas, salas de aula, palcos, espaços expostos a muitos sujeitos e influências diversas, essa ancestralidade redimensionada, atingindo formas nas quais seus significados e sentidos ficam abertos a diversas leituras.

Diante da carência de uma conceituação coerente com o conteúdo desta dança, a qual engloba sagrado, profano e recriação a nível metodológico, vimos à necessidade de contextualizá-la.

Dos poucos registros teóricos encontrados, recorremos a um artigo divulgado na *Revista Dançar* (N. 20), em 1987, que discute implantação do ensino regular da dança para o 1º e 2º Graus em escolas.

A partir daí, muitas polêmicas foram geradas por professores do eixo Rio/São Paulo e da Bahia, estando destacada por possuir desde 1956 o primeiro Curso Superior de Dança do país e da América Latina. O corpo de debatedores baianos foi composto pelas professoras Lia Robatto, Lúcia Mascarenhas, Lúcia Lobato, dentre outros, os quais colocaram sinteticamente o seguinte:

> "as pesquisas realizadas na Bahia chegam a um método que mistura duas técnicas em especial: o afro e a dança moderna. É chamado Dança Baiana com raízes negras [...] esta postura tem levado muita gente a dizer que a dança na Bahia, inclusive na UFBA, é simplesmente folclórica".

Atualmente o que podemos constatar a respeito das técnicas de D.E.A-B é que não se trata de uma mistura da dança de origem africana com a técnica de dança moderna, mas o que podemos afirmar é que os recriadores da dança Afrobaiana se apropriam de alguns elementos da técnica de Dança Moderna uma vez que é a escola que tradicionalmente orienta sua formação inclusive em nível de técnicas corporais.

As diversas falas dos professores de Dança Afro entrevistados por nós expressam sua formação institucional, a nível superior na Escola de Dança da Universidade Federal da Bahia, cuja formação desta escola é concretizada com base em padrões de técnicas clássica e moderna. Sendo assim, torna-se impossível o não aparecimento de outras influências em seus processos de aulas.

Frente a essa constatação, o que queremos demonstrar é que no nível epistemológico-metodológico, a Dança Étnica Afro-baiana apresenta características bem definidas, as quais, ao longo deste trabalho, tentaremos delinear não perdendo de vista a turbulência ideológica de identificação cultural presente, de um modo geral, na sociedade brasileira, devido aos padrões que nos são impostos, tidos como os melhores em cada área do conhecimento ou domínio artístico cultural.

Retomando o texto da citação expressa anteriormente, o que diz ser Dança "simplesmente folclórica", passa por uma visão generalizadora e reducionista diante da cultura e da produção afro-brasileira. Não é do nosso interesse tornar insignificante o que seja folclore, o qual reconhecemos que também passa por dimensões étnicas e culturais, porém, no caso da D.E.A-B, esta assume um patamar diferente calcada numa civilização de grande influência sócio-cultural em nosso cotidiano, como expressão de um movimento corporal que incorpora uma civilização específica.

É difícil tratar a questão do folclore em termos de conhecimento e crença popular, pois, muitas vezes, o que o indivíduo crê torna-se desconhecido para aqueles observadores apoiados em categorias científicas de outra natureza. Para o sujeito que está dentro da situação, ou melhor dizendo, o portador da cultura, nem sequer passa pela sua compreensão popular o conceito real do termo folclore, como afirma Carlos Rodrigues Brandão:

> do lado de lá da cerca separa quem faz o folclore e quem estuda, as pessoas do povo que criam o

> popular e o seu folclore não usam muito a primeira palavra e, quase sempre sequer conhecem a segunda. Ou então repetem nomes: "Folclore", "fouclore", "forclore", "folclore", como algo aprendido de fora, junto a quem veio estudar. (BRANDÃO, 1982).

Segundo o documento final do VIII Congresso Brasileiro de Folclore, realizado em Salvador, em 1995, apresenta-se como conceito nº 1 de folclore:

> Folclore é o conjunto de criações culturais de uma comunidade, baseado nas suas tradições expressas individualmente ou coletivamente, representativa de sua identidade social. Constituem-se fatores de identificação de manifestação folclórica: aceitação coletiva, tradicionalidade e funcionalidade.

Com esta definição apontamos um item discordante entre a Cultura Negra e o Folclore. Vimos acima que um dos fatores de identificação do folclore é a aceitação coletiva. Temos na Cultura Afro a sua aceitação acatada através da recriação e adaptação aos padrões culturais hegemônicos, porém, a aceitação identitária da raiz cultural regularmente sofre discriminações.

Para subsidiar esta linha de pensamento, observamos que todos os professores de dança afro entrevistados começaram em grupos folclóricos e a justificativa unânime para este fato, é que não existiam grupos artísticos assumidos na especificidade da Cultura Negra em sua verdadeira expressão. Os grupos folclóricos eram mais aceitos pela sociedade.

Levantamos esta discussão por considerarmos essas questões polêmicas e complexas, merecendo ser tratadas com atenção pelos pesquisadores, cabendo investigarmos procedências subjacentes às manifestações, em que suas origens dizem respeito à ancestralidade, genealogia e etnicidade, não se reduzindo só a uma simples sobrevivência popular, como muitos cientistas vêm tratando as culturas tradicionais.

Outro registro sobre a discussão da Dança Afro-Baiana aconteceu em 1990 em Salvador, como chama a atenção Nadir Nóbrega, a qual na sua introdução explicita:

> com o avanço do Movimento Negro, aumentou a necessidade de nós negros escrevermos a nossa própria história por não querermos continuar como objeto de estudo e sim como sujeito da ação. Porém, sabemos que o sistema político do país tenta impedir que isso ocorra, já que várias são as estratégias para que o racismo se perpetue. (NÓBREGA, 1991).

A coreógrafa Lia Robatto, em seu livro *Dança em Processo, a Linguagem do Indizível,* afirma:

> "É preciso encarar a dança de origem africana via um estudo étnico-cultural, sem o deslumbramento pelo efeito fácil das formas exóticas [...] entender a sua estética e a partir desse conhecimento propor a sua recriação e transição cênica, respeitando os seus traços essenciais... Generalizar e padronizar tudo isso numa única forma coreográfica, seria ignorar um mundo que só pode ser considerado corretamente a partir de sua totalidade e diversidade." (ROBATTO, 1994).

O sentido dos movimentos presentes nessa dança traduzem a forma do africano e seu descendente ver e estar no mundo, onde o saber-fazer dos rituais retratam uma sabedoria mítico-religiosa, a dança da vida, a expressão comunitária numa dinâmica contínua que desenha pelo corpo uma linguagem própria.

2. A EXPERIÊNCIA DOS ATORES REVIVENDO PRINCÍPIOS NA RECRIAÇÃO DA DANÇA ÉTNICA

Aproximando para a realidade de nossa pesquisa, transitamos da memória tradicional ancestral para a memória ancestral que abre portas para leituras, interpretações, traduções, reflexões, conhecimentos, reconhecimentos, desvendares históricos.

Nesse sentido, admitimos importante o papel que a dança desenvolve para os grupos humanos que querem comunicar-se-educando sensivelmente.

Chegando a dança do afro-baiano, esta toca pelo ritmo do atabaque e do corpo, o som dos batimentos do coração, das pulsações mais profundas, organicidade que gera força interior e exterior, abertura, expansão e beleza, traduzida pela coreografia e vozes dos deuses da natureza, dos homens lutando, amando e se colocando no mundo em que vive.

Dessa forma, evidenciamos como os professores de dança incorporam conhecimentos, oriundo dos Terreiros, para constituírem-se como conteúdos fundamentais desta linguagem técnica e criativa de dança.

A pesquisa e depoimentos apresentam pontos em comum quanto às razões de busca aos Terreiros, como fonte de aprendizado e inspiração para suas aulas, seus trabalhos, suas criações artísticas, contudo, olhares diversos, com focos em diferentes dimensões. Seja do significado do Orixá frente ao olhar a natureza, seja do espaço das relações de comunicação no barracão, inspirando novo espaço para a dança num contexto mais amplo; os comportamentos corporais, a movimentação, as posturas inspirando formas alternativas e criativas de aquecimento; chegando a preocupação expressa por uma professora quanto ao uso de fundamentos sagrados indevidamente, infringindo os limites estabelecidos pela religião.

2.1. A Pesquisa Artística de Emília Biancardi – "O Pará-folclórico dá Passagem ao Afro-baiano"

Achamos imprescindível colocar em síntese, a histórica do surgimento dos primeiros Grupos Folclóricos da Bahia, por volta dos anos sessenta, que desencadeou no movimento cultural de grupos e entidades artísticas que hoje estão "assentados", já com novas posturas e situações.

Trazemos a fala e a contribuição da musicóloga e folclorista Emília Biancardi, contemporânea da professora Hidelgardes Viana, responsável por reunir os conhecimentos de Mestre Pastinha da Capoeira, Mestre Popó do Maculelê de Santo Amaro, Dona Lolita Lopes dos Candomblés Keto, Nagô, Seu Carapim da Puxada-de-Rede... para ensinarem sua cultura a esta professora e seus alunos, ocasionando na montagem de um espetáculo que pelas voltas que deu, rumos diferentes na história das pessoas também foram dados.

A pesquisa artística de Emília Biancardi, assume um lugar de destaque nos caminhos da arte popular que vai para o espaço cênico, conseqüência de sua busca na década de sessenta junto a atores sociais chamados por ela de "portadores do folclore", pessoas possuidoras dos conhecimentos mais originais das manifestações tradicionais da Bahia.

Essa atitude foi ponto de partida para surgimento de novas organizações que hoje, fazem todo esse movimento artístico-cultural de Salvador.

Emília Biancardi diz que a Bahia de 1962 não era tão ligada ao Turismo como é agora, estava caminhando nessa direção.

No cenário da cultura afro-baiana, o que havia era Mestre Pastinha e seu Grupo de Capoeira, Mestre Bimba, estes fazendo apresentações aqui e fora. Em Santo Amaro, o Maculelê reorganizado por Mestre Popó, sendo feito com seus filhos e vizinhos. Raramente vinham a Salvador, somente por ocasião especial.

Naquela época, não tinha nada de dança folclórica, nem tão pouco de afro-moderno,

> "A única coisa que tinha realmente, era a Escola de Dança da Universidade, toda cheia de gente ligada a Dança Moderna Contemporânea, Rolf Gelewsky, Lia Robatto, uma geração mais antiga, Rolf apresentava trabalhos lindíssimos e era até diretor da Escola, D. Margarida Rebouças [...] Então, era realmente voltada para a Dança Moderna, e tinha a Escola de ballet, a EBATECA, que foi a pioneira, estruturada que fazia o ballé clássico, funcionava nas dependências do Teatro Castro Alves".

Com isso, podemos perceber com quem estava o status, poder e recursos para produzir trabalhos artísticos.

Prosseguindo com a idéia de criar um Grupo Folclórico, assim se entendia naquela época, Emília Biancardi viu que teria que procurar os portadores dessa cultura, e assim o fez. Chamou o filho de seu Popó para ensinar Maculelê; um senhor apelidado de Carapim para ensinar Puxada-de-Rede; Dona Lolita Alves Lopes, mulher de Candomblé, "lá que Candomblé não era Folk-lore, a gente já sabia, mas eu queria botar um pouquinho...", esta senhora ensinou a Dança do Candomblé Keto e a Dança Nagô, era uma grande dançarina de Samba-de-roda, tudo o que podia imaginar, disse-nos que os meninos do grupo já sabiam samba em virtude das Festas de Largo.

> "Então, O Grupo se estruturou dessa maneira, os professores eram os Portadores do Folk-lore que iam lá para casa, a gente pagava [...] Trouxe também Mestre Pastinha e aí, ele veio ensinar os meninos, porque os rapazes já faziam Capoeira nas academias".

Conseqüência disso, surgiu na Bahia grupos, dentre eles o "Olodum" que não é este visto agora, era um grupo folclórico que tinha grandes capoeiristas regionais de Mestre Bimba.

O Olodum, dirigido na época pela família Muniz e Camisa Roxa, também tinha como um dos fundadores Ubirajara Almeida que hoje, está na Califórnia com um grupo de Capoeira.

O Brasil Tropical, antigo Olodum, faz diversas apresentações em países do mundo.

A Capoeira da família Muniz e Camisa Roxa, juntamente com o trabalho de Emília Biancardi, resultaram no Grupo Viva Bahia "este foi o primeiro Grupo Para-Folclórico da Bahia, criado em 1962", com muitas apresentações, troca de experiências, que após um tempo, esta se desliga deste grupo.

Surge o trabalho de Vermelho apresentando-se nas noites de Salvador, os filhos de Marcos Celulari com o Grupo Oxum, e assim, foram surgindo vários grupos seguindo esta linha.

Da geração dos Grupos Para-Folclóricos, cujos conteúdos originavam-se dos ensinamentos dos "Portadores do Folclore" com suas manifestações, mais tarde, surge a geração que aprendeu tais elementos e já incorporou outros aprendidos de técnicos acadêmicas diferentes.

> Mais tarde surge com King, que com o passar do tempo fez vestibular para a Escola de dança e entrou para o Brasil Tropical, tendo encontrado o coreógrafo do Rio, Domingos Campos, que tinha um trabalho feito em cima de Dança Primitiva. Este foi aluno de Mercêdes Batista que por sua vez, aluna na América de Khaterine Duran.

Esse longo trilhar, no qual Emília Biancardi foi a pioneira na idéia de organizar um grupo artístico-cultural, afirma que "Daí começou o caminho da Dança-Afro-Moderna-Baiana".

Comenta que depois, todo mundo começou a fazer de qualquer jeito, com seus próprios sentimentos, alunos formados ou não, tomavam um pouco de aula e já iam também dar aulas, colocando outros sentimentos, outra forma em cima, Augusto Omulu, Armando Pekeno, todos eles assim se expressa, a Profª. Emília Biancardi reportando-se a esse tempo.

Com a vinda de Carlos Moraes do Rio de Janeiro, que também passou pela Escola de Mercêdes Batista, fez trabalhos para o "Viva Bahia" um pouco mais estilizado, com o passar, surge o Odundê que deu uma linguagem mais elaborada, intelectualizada, tendo a frente, a professora Conceição Castro. Muita gente passa por esse grupo, que já desencadeou noutra coisa como nos relata a entrevistada,

> A Dança Afro na Bahia, Afro-baiana já é uma coisa que tem características realmente regionais, seja lá com elementos muito fortes da constituição dos passos da dança dos Orixás que a gente vê claramente, com elementos da dança Moderna e com a emoção de cada pessoa, de acordo com a vivência de cada pessoa.

Reconhecemos que o fazer artístico seja pelo Teatro, Música, Plástica ou Dança, tem uma importante contribuição no que toca profundamente o sentimento das pessoas, levando-as muitas vezes, a mudanças num nível qualitativo da maneira como vê o outro, a si mesma, a sociedade e o mundo.

No Brasil, os artistas e suas obras, tem uma participação nas grandes transformações da sociedade, dada a capacidade de ver, perceber fenômenos, colocando-se mais adiante do que os olhos simplesmente alcançam.

Investigando as razões que levaram a criar o 1º Grupo Para-Folclórico da Bahia, que a partir daí, mudou sua vida e das pessoas que estavam a seu lado.

Ressalta que houve uma contribuição grande para o trabalho, de muitas pessoas que poderiam ter ficado como caixas de loja, por não terem condições de fazer estudos maiores, de terem uma vida privilegiada, muitos desses ficaram pela Europa, dançando, cantando, graças a cultura que possuíam e que foi colocada naquele grupo. Aponta que dessa nova realidade, esses trabalhadores e artistas natos, tiveram oportunidade de desenvolver dentro de sua própria cultura, que era latente, mas não dava dinheiro, então, tinham que ser pedreiro ou carpinteiro. O grupo folclórico deu nova dimensão ao trabalho.

Uma pesquisa artística que tem como base a dança e a música, sua síntese, é o espetáculo cênico constituído por um repertório, que a partir deste, delineia-se um estilo, importante para a história da dança étnica na Bahia, a Profª. Emília Biancardi conclui:

> "A primeira geração que sai do Viva Bahia foi uma abertura, o Olodum e esses fizeram uma abertura de campo para o que veio depois [...] o que preparou muita gente foi o Grupo de Vermelho, o Grupo Oxum da Tenda dos Milagres e o Grupo Duque de Caxias, então, teve a Avant Premier e depois vieram todos esses que surgiram e em nuanças. Vieram Clayde Morgan e Carlos Moraes, apresentando os primeiros homens dançando, esse fez uma coisa em que os negros se misturavam com os outros, foi uma linha de envolvimento que não deve ser esquecida".

O trabalho do Prof. Carlos Moraes no campo da dança na Bahia aconteceu numa época bem diferente da que estamos vivendo, isso em relação à questão do preconceito contra a presença do homem na dança e no balé.

Esse coreógrafo, fundador do Balé Brasileiro da Bahia, utilizando-se do motivo de uma grande turnê internacional, estimulou pessoas a participarem da Companhia, inclusive os homens, que a partir daí, mudaram sua forma de ver e encarar com naturalidade a dança.

Então, "o marco da dança para o homem foi Carlos Moraes, o responsável pelo balé", essa iniciativa fez o coreógrafo reunir o talento dos capoeiristas, tornando-os também, ilustres dançarinos de palco.

Os grupos artísticos e os balés que trabalham com a Cultura Popular e com a Cultura Negra, exercem um papel de destaque nesse processo de abertura de campo e quebra de preconceitos junto a sociedade abrangente. Atentamos para o fato de que muitos desses grupos que se denominam Folclóricos, trabalham somente com conteúdos afro-brasileiros muito específicos.

Se antes as diferentes culturas étnicas afro-brasileiras sofriam de grande preconceito e se utilizaram do Folclore para uma maior aceitação no meio, atualmente constitui-se uma dificuldade. Este momento é marcado por uma transição, em que a Cultura Negra em todas as suas dimensões, vem tentando uma afirmação de seus componentes que não deixam dúvidas nas suas diversidades e especificidades.

Essa experiência se consagrou, e hoje, é recriada sob muitas reflexões em outros parâmetros e dimensões.

2.2. King, o Mestre eleito por consenso

"King" foi o professor responsável por quebrar padrões da dança dentro do espaço acadêmico e, conseqüentemente, influenciou o surgimento da geração dos recriadores da dança afro-baiana.

Esse trabalho foi realizado, sobretudo através de sua pesquisa nos Candomblés, desenvolvendo um estilo de dança afro-contemporânea segundo King, ela " está aí, virou moda, mas o que é que não vira moda? Esta vai passar e ficará apenas alguns, um clã que prosseguirá levando este trabalho a sério".

Pela opinião de muitos, ele é considerado "Mestre", "Rei", "Pai da Dança Afro na Bahia".

Raimundo Bispo dos Santos (King) nasceu no interior baiano, na cidade de Santa Inês, em 12 de outubro de 1943, vindo de uma família de bom poder aquisitivo, a qual lhe dera uma rigorosa educação. Afirma que aos vinte anos ainda não pensava em fazer dança.

Em 1950, o menino chega a capital, e 1953 inicia seus estudos. E 1955 conclui o curso primário e declara-se desinteressado a continuar perante a mãe, o pai adotivo, Eduardo Elias Sarquic.

King passou dez anos sem estudar, a maior parte do tempo em casa.

Chegando aos dezessete anos, serviu à Marinha, trabalhou como servente de loja, ingressou no Ginásio Brasil, depois no Colégio Manoel Devoto, e em seguida para o Colégio

Central onde fez o curso científico. Neste colégio foi expulso por indisciplina, transferindo-se para o Colégio Anísio Teixeira, onde sentiu-se melhor.

Nesta época, conheceu uma pessoa de nome Guanabara no Mosteiro de São Bento, onde gostava sempre de ir cantar. Ali fez canto orfeônico de 1963 à 1973. Foi colega, num Grupo Folclórico, do cantor Expedito da dupla Tom e Dito.

Aluno de Mestre Bimba, Dito ensinou Raimundo Bispo a jogar capoeira, resultando na formação de um grupo. King conta que chegou a fazer o batizado onde os capoeiristas recebem seus apelidos.

> Havia um que falava grosso e, foi apelidado de BESOURO, é o neto de Maria de São Pedro, Carlos da Purificação; tinha João Roberto que se chamava ARAUDITE, já falecido, filho de Maria Costa Vargem, era professor do Colégio Severino Vieira; Um outro falava demais, chamava-se PAPAGAIO e para dar meu nome, Dito pensou: que nome vou bota pra você? vou lhe chamar de KING E SEUS SÚDITOS.

Esse nome vem do exercício de liderança que ele exercia nos meios onde chegava, seja no Mosteiro de São Bento ou na Capoeira. Constatamos por diferentes fontes, que King era líder nato, o motivo pelo qual originou seu nome.

Levado por Guanabara, King começou a aprender Maculelê no Grupo da professora Emília Biancardi, onde permaneceu dois anos, sendo depois posto para fora. Foi então convidado para o Grupo Olodum. Ele explica não ser o Olodum atual e que na época existiam apenas quatro Grupos Folclóricos em Salvador: Viva Bahia, o Olodum, Afonjá, e o Oxum[3].

[3] Atentamos para o fato de que o nome no qual esses grupos se identificam se refere às entidades mitológicas africanas - "Afonjá", "Oxum", "Olodum".

Ao conhecer um coreógrafo recém chegado do Rio de Janeiro que ensinava a "Técnica de Moderno" e "aulas de Candomblé dizendo ser Dança Primitiva", passou a aprender Dança Moderna até então um estilo desconhecido para ele.

Num evento de dança no qual participou, algumas professoras disseram que ele dançava bem e sugeriram que fizesse vestibular para Dança.

Todavia ressalta: "Meu pai queria que eu fizesse Vestibular para Arquitetura, minha mãe mandou que fizesse para Engenharia, aí fiz para Dança".

Orgulha-se ao contar como foi divulgada sua aprovação no Vestibular Unificado de 1972 pelo locutor de TV: "O primeiro homem na América Latina a fazer Vestibular de Dança em uma Universidade reconhecida pelo Governo Federal - Raimundo Bispos dos Santos".

Seu pai, que esperava vê-lo classificado em Arquitetura, fica sem entender a notícia e ele tenta justificar pelo seu desejo de seguir fazendo Dança: "Tudo bem, siga sua profissão, qualquer profissão é profissão, depende da dignidade do homem", responde seu pai.

Hoje, ao ver seus alunos encaminhados, tendo estes como filhos, o mestre nos fala que muitos se destacam no meio da dança, seja como dançarino, professores, ou até mesmo doutores.

2.3. A IRREVERENTE DEFINIÇÃO E CRIAÇÃO DE UM ESTILO PRÓPRIO NA DANÇA

Como aluno da Escola de Dança da UFBA, durante as aulas de Estética, King questionava o estudo do Belo: "a partir de que e quem convenciona o que é feio e o que é belo nas artes?"

Questionava também em relação à dança, "porque todo mundo na Escola, no estudo da forma só faz aqueles movimentos estereotipados?"

A partir dessa inquietação, diz King:

> Comecei a pesquisar no Candomblé, a observar o movimento e as performances dos Orixás.

> Também disse que iria revolucionar esse negócio de dança aqui na Bahia me perguntaram: Quer dizer que você vai ser o Van Gogh na Bahia?, e eu disse: tá todo mundo esticadinho, agora vou botar todo mundo com a bunda para trás para dançar o afro, comecei a estudar e ainda hoje continuo. E então, praticamente foi um propósito.

Nessa difícil busca, lamenta não termos referências precisas sobre as diversas danças africanas no Brasil. "Faz-se uma idéia do que seja, mas falta-nos muitas informações e explicações, daí a necessidade de se pesquisar muito. É um processo que está apenas se delineando".

Reconhece que os costumes africanos vão passando de pai para filho, assim como vemos os Penitentes de Juazeiro do Norte. "Lá, o tetravô foi Penitente, o avô foi Penitente, o pai e o filho seguem o mesmo caminho". E conclui: "A cultuação dos Orixás aqui na Bahia, no Brasil, é diferentes da África, não fugiu às raízes, mas fugiu a algumas tradições".

2.4. Concepção do estilo Afro-contemporâneo

Surge um estilo afro-contemporâneo criado pelo Mestre King, oriundo de um desejo de quebrar as convenções, revolucionar a dança que se fazia no espaço acadêmico, melhor dizendo, da convenção do belo somente atribuída ao balé clássico e tudo o que provinha deste.

Na sua concepção, a dança afro-brasileira, devido a falta de referências maiores, daí, ele ter encontrado nos Candomblés um espaço essencial no qual observou para desenvolver seu trabalho:

> "[...] pego o movimento dos Orixás e estudo numa linhagem moderna, mas acho que todo mundo que faz esta linha, tem que saber dançar Orixá, tem de saber porque e de onde vem aquele movimento [...]"

King comenta que antigamente os professores falavam as coisas e os alunos não perguntavam o porquê. Hoje, eles perguntam: "Como é que Xangô dança?, aí você tem que mostrar como o Xangô dança originalmente para daí partir para o movimento esteriotipado e para a recriação".

Afirma que nessa situação, você parte para a totalidade da pesquisa. Propõe que todo dançarino conheça o máximo de técnicas possíveis, todas as técnicas. "Quanto mais se fizer aulas com professores diferentes, fica-se mais rico de inspiração e movimentação". Mestre King, pelo aconselhamento e incentivo às pessoas que querem praticar a dança, um caminho de arte difícil, deixa-nos a lição: "O aluno é mesmo que um filho, você faz o aluno pra seguir a vida dele, o mesmo tratamento que dou a um aluno, eu dou a meu filho e com isso, já tirei muita gente da rua através da dança".

2.5. Aspectos da Técnica da Dança Afro segundo o Mestre King

Considerando que no trabalho artístico onde se enfrenta um público e sua exigência, dá-se a necessidade de se desenvolver uma performance corporal ou seja, um aprimoramento das qualidades do corpo, King explica:

> Quando falo em técnica de Dança, não é técnica de Dança Moderna. Você tem Técnica de Dança Afro inspirada nos Orixás, que é uma técnica própria, uma postura própria dos Orixás, uma cultura. A Dança Moderna já tem outra postura, outra técnica.

Em diversas situações, não deixa de expressar sua crítica às discriminações e preconceitos que são encontrados na Escola de Dança da Universidade, e neste sentido nos coloca:

> Uma das questões principais levantadas por pessoas da Universidade a respeito da Dança Afro, é a alegação de que não há um estudo aprofundado.

> É preciso saber de que natureza de estudo que estão falando. O método existe e você pode codificar e decodificar o seu método. Na realidade essas pessoas querem código e decodificação pré-estabelecidos para tudo sem considerar toda a contribuição de outras realidades.

O que verificamos nesta relação de Universidade e seus padrões ortodoxos de conhecimento é uma dificuldade em encarar, ou mesmo acatar, outras fontes de conhecimentos cuja as bases e princípios sejam diferentes dos que ela geralmente desenvolve. No nosso caso, um conhecimento que parte de outra base civilizatória.

Um estilo de dança afro-brasileira que surge do desejo de romper padrões hegemônicos difundidos na Universidade, segue incorporando aspectos fundamentais da filosofia africana e princípios de vida tais como a abordagem da totalidade do ser na expressão. Isso significa a organização de idéias, estudos, metodologias e procedimentos orientadores capazes de construir conhecimentos possíveis de serem decodificados.

Vimos que o professor King defende a necessidade de não ser rígida a base de movimentos, pois, historicamente o negro no Brasil vem recriando seus conhecimentos para poder manter-se nesta sociedade, contudo, entende que os professores podem ter seus estudos próprios, com metodologias conforme suas experiências, coerências e potencialidades.

Mestre King fundamenta numa síntese, seus pontos de vista sobre a técnica que ensina, cuja fonte consistiu, tanto de suas experiências e pesquisas junto a Terreiros, quanto do que aprendeu na Universidade.

> A Dança Afro é uma dança que exige que você tenha força, boa respiração, sabendo tudo o que acontece em sua volta. Tem que deixar seu corpo liberto, contrariando aquelas posturas do balé "murcha a barriga", "alonga o tórax", "quadril para dentro, 1ª, 2ª , 3ª posição" ... a Dança Afro trabalha

em paralelo, é igual a postura dos filhos-de-santo em ritual. Eles dançam com joelhos semiflexionados. Você vê na Casa-de-Candomblé as mulheres agachadas, dançando, andando em círculo e não vê nenhuma de quadril estufado para trás como muita gente faz: "estufou a bunda para trás, rumou o pé no chão e começou a gritar, é Afro", não, Afro não é isso não!

A postura corporal que deve ser assumida para a dança é fundamental:

> "É preciso ter uma performance meio inclinada, mais inclinada que o eixo da gravidade, pegando na metade da coluna até o cóccix, desafiando um pouco a gravidade, é nessa postura como quem está dançando pra Oxalá, ele vai aqui, mas a coluna dele está lá·. Já Obaluaiê se projeta mesmo para frente, porque ele é santo que fala da doença, já Oxalufã também [...], mas o quadril não está lá e também não está contraído como no Balé, é de forma natural".

Tomando como referência a postura de Oxalá, refere-se ao caso de Oxaguiã, o guerreiro jovem, que tem natureza diferente do Oxalá velho, o Oxalufã. Com isso, resume: "Uma das principais características é a postura".

Outra ressalva é quanto a maneira de se colocar o pé no chão, bater no chão, explica que só se faz isso se for necessário, se tiver intenção, caso contrário,

Em síntese, os elementos da postura ritual são incorporados no trabalho de dança com objetivo de criar um estilo que parte do original para o artístico-criativo.

Este fenômeno de reinterpretação técnica e estética da expressão negra, a partir da ação desse professor e continuada por outros, não nega a apropriação de alguns elementos oriundos de outras técnicas da dança, que, porém, foram redimensionados ganhando uma nova forma dentro do estilo afro-baiano, que segundo o idealizador, "uma técnica ajuda a outra, os fins é que são diferentes".

A sua opção de dar uma conotação diferente à dança em Salvador, buscando uma identificação com os traços mais fortes e evidentes da Cultura Baiana, ocasionou também um modismo e procura pelo Afro, por parte de muitos alunos, pessoas que achavam que havia algo de novo e diferente no que se dava naquelas aulas. Porém, nos alerta o Mestre "essa moda vai passar, e ficarão poucos fazendo este trabalho sério". Chama a atenção para a responsabilidade dos professores que abraçam o Afro, para que não se deixem levar pelo aspecto do modismo, mas tratem a dança como um forte instrumento de conquista e imposição frente a essa estrutura na qual vivemos imersos.

A sua visão artística concorre para o pensamento de que na arte não se admite rigidez, as técnicas estão aí, os movimentos também, é chegada uma dimensão na qual, não existe separações, "isto é meu", "isto é do moderno", "isto é do clássico", os movimentos da dança estão aí para serem usados e conclui: "Eu optei justamente por isso para dar mais ênfase à nossa dança, pra divulgar mais a nossa parte, a nossa necessidade negra, o outro lado negro, não radical, mas é a nossa origem".

3. BASES FILOSÓFICAS DE ENSINO DA DANÇA ÉTNICA AFRO-BAIANA

Existe um campo construído pelos procedimentos metodológicos de um processo de ensino-aprendizagem, desencadeado a partir da construção de conhecimentos pelos recriadores baianos da Dança Africana. Uma aula de Dança Afro nos remete, por exemplo, a uma comunicação com elementos ancestrais. É um reviver ritual!

Por uns instantes, a liberdade manifesta-se de uma forma muito próxima e parecida com o jeito de ser afro-baiano, a imagem do professor invadindo a cena como cúmplice de tudo aquilo. De uma forma ou de outra, expressa um entendimento do universo trazido pelo aluno à sala de aula, a postura adotada pelo professor faz com este seja participante ativo da realidade.

Na concepção de ensino, da dança étnica afro-baiana, o corpo é todo dançante, levando o sujeito a assumi-lo integralmente, valorizando a sua imagem estética. A partir daí, o olhar voltado para nós mesmos é mais intenso, passando a refletir um gosto maior pela própria beleza.

Em referenciais nagô, poderíamos dizer que a Dança Étnica Afro-baiana é Odara em seu princípio maior. A beleza estética é o que projeta sua performance tanto na dimensão educacional como na dimensão corporal, isto nos deixa atento em perceber a superação de conceitos que separaram o Corpo da Mente. Para os africanos, o ser é uma unidade, para a Dança Étnica Afro-baiana a totalidade se dá no processo, na dinâmica dessa unidade.

A título de conclusão, foram levantados pontos a partir de questões e inquietações suscitadas por quem está envolvido no ensino da Dança Étnica:

a) a Metodologia de Ensino adotada com base em técnicas de culturas americanas e européias, muitas vezes, leva o aluno a se sentir bloqueado por não atingir os padrões desejados;

b) o corpo do aluno negro apresenta limitações resultantes da repressão ao ser afro-brasileiro. Por meio da dança africana recriada, percebe-se um maior desenvolvimento de sua própria expressão;

c) as técnicas de dança comumente utilizadas nas instituições de ensino, são refletidas no dançarino pelo modo de vestir, de andar, de falar e proceder. Isso vai sendo transmitido de forma sutil ou inconsciente. Visualmente nota-se a diferença entre um aluno de Dança Afro e um aluno formado pela metodologia do ballet;

d) a diferença cultural entre metodologia de ensino da dança baiana de origem africana e a metodologia de ensino de técnicas estrangeiras, é evidenciada não só a nível ideológico, mas também, sentida pela exigência da prontidão corporal feita ao aluno.

Concluímos que a existência da expressão corporal negra em nosso cotidiano não é um simples acaso, e sim, a marca de uma identidade que não se deixa apagar e se reconstitui a cada passo.

Acreditamos que por ser uma Dança Étnica e possuir elementos que são respostas aos preconceitos, discriminações e tentativas de reducionismos que relegam a um patamar inferior a contribuição da Civilização Africana, é necessário uma Pedagogia que se re-constroi na afirmação de uma identidade negra que se concretiza através de uma prática de continuidade cultural e religiosa africana na Bahia. Nesse processo de construção, o corpo tem um papel essencial, é uma síntese do retorno à ancestralidade.

Esta dança consiste em uma Educação Movimento ou mais precisamente, uma Educação Movimento de forma Pluricultural, pelo fato de que, vem construindo um processo de ensino-aprendizagem na convivência com outras metodologias. Mesmo buscando o seu lugar na sociedade, não existe desprezo em relação aos diversos conteúdos existentes, o que se faz presente é, o reconhecimento da influência de todo esse universo frente ao desenvolvimento de um estilo afro-baiano.

A Arte Negra é um instrumento cultural civilizatório privilegiado. Parte de valores que o negro possui e que transcende até a questão da identidade, é o próprio jeito de ser do povo brasileiro, no caminhar, se portar, gingar, dançar...

Portanto, a dança étnica afro-baiana é uma expressão da linguagem da arte negra brasileira, vista na dimensão do sagrado, do lúdico, do político-organizativo, das manifestações populares, do trabalho social e na recriação do sagrado para o didático.

Nesses contextos apresenta-se uma base comum que define uma identidade negra própria, sentida no ritmo, na postura, nos gestos, nos movimentos corporais, na mensagem transmitida que está presente na cotidianidade baiana, onde o maior portador dessa ação artístico-histórica é o descendente afro-brasileiro articulado a esses núcleos civilizatórios de origem.

Essa Identidade se constrói a partir de especificidades traduzidas de forma consciente ou inconsciente, política e ideológica de uma luta de resistência e recriações que se dá na prática dos sujeitos sociais para se fazerem vivas e presentes no meio social, que segundo o professor Kabengelê Munanga "não é uma coisa acabada, é um processo contínuo...".

Nas linhas que encerram este trabalho, fica a nossa imagem de professora e pesquisadora que vive intensamente essa problemática.

Que este estudo se constitua numa contribuição positiva às pessoas que trabalham em instituições que desenvolvem processos educativos pela arte, que eles possam incluir as dimensões que perpassam essa nossa análise, que se possa contemplar as riquezas e as diferenças sem homegeneizá-las no exercício da Educação.

REFERÊNCIAS

BASTIDE, Roger. *As Religiões Africanas no Brasil.* 2. ed. São Paulo: Livraria Pioneira Editora. 1985.

CONRADO, Amélia Vitória de Souza. *Dança étnica afro-baiana: uma educação movimento.* 1996.197, f. Dissertação de Mestrado – PPGE, Universidade Federal da Bahoia, Salvador, 1996.

______. *Danças Populares Brasileiras: valor educacional, cultural e recurso para pesquisa e recriação cênica.* Revista da Bahia, Salvador, v. 32, n. 38, p. 36-46, maio 2004.

CONGRESSO BRASILEIRO DE FOLCLORE VIII, 1995, Salvador, Documento Final.

FREIRE, Paulo. *Pedagogia do Oprimido.* Paz e Terra, Rio de Janeiro: 1975.

GARAUDY, Roger. *Dançar a Vida.* 5. ed. Rio de Janeiro: Nova Fronteira. 1973.

GUERREIRO, Goli. História do Carnaval da Bahia. O Mito da Democracia Racial. In: *Análise & Dados.* Salvador: Centro de Estatística e Informações, 1992 (100-105).

GODI, Antônio dos Santos. De índio a Negro ou o reverso. In: *Cantos e Toques-Etnografias do Espaço Negro na Bahia.* Salvador: Fator Editora, 1991.

LUZ, Marco Aurélio: (org.). *Identidade Negra e Educação.* Salvador: Ianamá, 1989.

_____. *Cultura Negra e Ideologia do Recalque.* Rio de Janeiro: Achiamé, 1983.

OLIVEIRA, Nadir Nóbrega. *Dança Afro:* Sincretismo de Movimentos. Salvador: UFBA, 1991.

RAMOS, Arthur. *O Folclore Negro no Brasil.* Demopsicologia e Psicanálise. 2. ed. Rio de Janeiro: Editora Casa do Estudante do Brasil, 1954.

REVISTA DANÇAR. *A Educação da Dança no Nordeste.* São Paulo, Ano IV, n. 20, p. 12-13, 1987.

RISÉRIO, Antônio. *Carnaval Ijexá.* Salvador: Corrupio, 1981.

ROBATTO, Lia. *Dança em Processo.* A Linguagem do Indizível. Salvador: Editora UFBA, 1994.

RODRIGUES, Nina. *Os Africanos no Brasil.* 7. ed. Coleção Temas Brasileiros. Editora Universidade de Brasília, 1988.

SIQUEIRA, Maria de Lourdes. *Ago Ago Lonan. Terreiros de Candomblé à Bahia.* Mythes. Rites et Organisation. These de Doutorat. EHESS, Paris, 1992.

SODRÉ, Muniz. *O Terreiro e a Cidade, a Forma Social Negro Brasileira.* Petrópolis – Rio de Janeiro: Vozes, 1988.

VIANA, Klauss. *A Dança.* São Paulo: Edições Siciliano, 1990.

COMO CONSTRUIR POLÍTICA PÚBLICA?
A contribuição da Cooperativa Steve Biko num fazer pedagógico de uma política de construção de identidade

Maria Durvalina Cerqueira Santos

Histórias de vida de militância no combate ao racismo somadas permitiram um maior aprofundamento sobre a realidade histórica dos africanos e seus descendentes, a trajetória política e sócio-racial deste segmento na sociedade brasileira, sobretudo para os que emergiram de outras organizações negras (terreiros de candomblé, entidades do movimento negro) que possibilitaram maior aprofundamento sobre o tema, os instigaram na criação de uma proposta de excelência, pelos objetivos que delineiam. Um marco de uma nova etapa do movimento negro, **"uma ação efetiva de combate a discriminação racial"** a partir de uma nova dinâmica, jovens negros contribuindo para a inserção de outros jovens negros na academia, mas muito mais que isso, conscientes da importância política dessa inserção, num espaço que historicamente lhes fora negado.

Mais uma evidência do processo de criação e recriação de mecanismos de resistência do povo de origem africana e seus descendentes as várias situações de marginalidade, exclusão, resultantes do processo de escravidão, preconceito e discriminação racial. Hoje, como resultante desse processo de resistência à "escravidão pós-moderna", nasce a Cooperativa Educacional Steve Biko, um movimento contemporâneo de resistência e combate ao preconceito e à discriminação racial.

As criticas produzidas sobre a educação brasileira tomaram-se senso-comum e, na sua maioria, evidenciadas pelos profissionais de Educação. No entanto, as práticas docentes muito pouco ou nada têm mudado, a não ser alguns grupos, que vêm atuando com segmentos específicos e não conseguem dar às suas práticas diferenciadas a dimensão e visibilidade necessárias, embora não pretendam tornar hegemônicas suas idéias, além de não disporem dos mecanismos de massificação. A intenção é mostrar algumas possibilidades, quando estas são pensadas para o coletivo, e não para privilegiar algum segmento, evidenciando que as diferenças presentes no processo precisam ser consideradas, respeitadas e tratadas sem juízo de valor, assim revertendo em crescimento sócio-politico para o coletivo da sociedade.

A sociedade não reconhece outra instituição que tenha se revelado mais eficiente enquanto instrumento capaz de disseminar idéias, através das quais têm-se conseguido preservar o modelo estrutural desta sociedade na qual vivemos, encontrando novas formas para conservar velhas situações.

> Através de suas atividades curriculares, pedagógicas e de avaliação, na vida cotidiana nas salas de aula. As escolas desempenham um papel importante na preservação, senão na criação das desigualdades. (APPLE, 1982.99).

Pensar na educação como possibilidade de intervenção nas questões sóciopolítico-raciais não se trata de inovação, mas apenas a proposta de um repensar as atitudes pedagógicas, dentro do universo de que alguns teóricos historicamente já defendem como sendo o papel da educação, e com isso dá a ela a dimensão de que é capaz. quando não se restringe a escolarizar indivíduos e, sim, formar sujeitos.

Quando a Cooperativa optou pela educação como forma de intervenção sóciopolítico-racial, não pretendia suprir o papel do Estado, mas atacar um problema social grave, a discriminação racial, que historicamente utiliza a escola como instrumento de imobilidade social do segmento afro-brasileiro, sendo o currículo o principal aliado neste processo e seus mecanismos se revelado eficientes quando postos a serviço de concepções e da perspectiva de construção de ideologia.

> Na realidade não se conhece nenhum exemplo histórico com o qual se pudesse comprovar que a educação (intencional) tivesse reestrurada uma sociedade. Existem ao contrário exemplos históricos que demonstram que a educação, apoiada por medidas políticas globais. pode transformar uma sociedade. Neste caso, entretanto não é a educação em si que, transforma a sociedade, mas determinados grupos sociais que. apoiando-se no sistema educacional mudaram em completo a sociedade. (BERGER, 1980).

Pensando na formação do sujeito e possibilidades da educação escolar, enquanto mecanismo favorável às intervenções pretendidas e percebendo-se a importância do currículo nessa atuação, enquanto construtor e reprodutor da concepção à qual ele serve, caberia à construção de um currículo que marcasse o que faria a diferença entre a Cooperativa, que se propunha a reforçar os conteúdos específicos para aprovar no vestibular, além de reconstruir identidade étnica e auto-estima, na perspectiva de contribuir para a mobilidade social e a escola oficial que constrói o insucesso, destrói a auto-estima e nega os valores dos segmentos afro-brasileiros, portanto nega essa identidade.

> Os estudos recentes na área da análise do currículo mostram que é possível unir estruturas sociais e ação humana, utilizando dialeticamente resistência e dominação para atingir a emancipação. Entre os autores que defendem essa tese, encontramos Michael Aplle e Henry Giroux (SILVA, 1990:8).

A "construção do currículo" não tem sido um propósito deliberado da Cooperativa, mas, sim, a seleção criteriosa de elementos que foram identificados como possíveis facilitadores na construção da perspectiva de aprovar vestibular, num contexto em que ficasse \'iabilizada a mobilidade social, na medida em que os conhecimentos técnicos específicos não assegurariam esta mobilidade que é um traçado muito mais político do que meritocrático.

> "[...] as escolas não são tão meritocráticas como muitos pesquisadores educacionais gostariam que pensássemos. Embora muitas pessoas ainda aceitem a noção de que a escola serve para maximizar a probabilidade de mobilidade pessoa,. levando de alguma forma à possibilidade de uma vida melhor mais /arde, análises recentes sugerem que não é isso o que acontece. Pois se vivêssemos de fato numa ordem meritocrática, "esperaríamos que a relação entre as notas nos testes escolares e o êxito na vida adulta aumentasse com o tempo, e que a relação entre origem familiar e o êxito adulto caísse". Nada disso está ocorrendo. Ao invés disso, a evidência existente indica que tem havido pouca diminuição na correlação entre origem social e êxito escolar [...]" (APPLE, 1989).

O êxito atingido dentro desse perfil, definido por um conjunto de características e elementos que se apresentaram como favoráveis aos resultados diferentes e positivos. passaram a ser tratados com prioridade, e denominados de currículo que tem servido de orientação e referência, contudo sem a intenção de tomar-se o único caminho.

Deste modo. observou-se que os conteúdos programáticos das universidades precisariam ser revistos. além da determinação política de avançar por caminhos favoráveis à reconstrução da identidade étnica. da auto-estima e cidadania no sentido de viabilizar a inserção e mobilidade social. Assim, além dos conteúdos, o Cidadania e Consciência Negra - CCN, o espaço físico, a seleção dos instrutores, a seleção dos alunos, as datas comemorativas, foram compondo o então chamado currículo Biko.

> A margem da Universidade, o negro nos últimos anos vem constituindo uma série de instituições de estudos e pesquisas, que possam suprir as deficiências apresentadas a nível acadêmico pela sociedade oficial para melhor conhecimento de sua cultura, procurando elaborar uma nova forma de percepção de pluralidade cultural brasileira, através de novos parâmetros de produção científica e também de recriação estética. Essa produção não se caracteriza mais por falar sobre o negro, não é mais "o negro como objeto de ciência" mas como produtor de ciência, isto é identificado com seu processo civilizatório, produzindo o seu patrimônio cultural, procurando retomar a sua consciência histórica produzindo e divulgando o conhecimento de acordo às próprias necessidades e, portanto verdadeira integração na sociedade oficial. (DEMO, 1990).

Pensando nestas categorias as quais a Cooperativa se propõe a resgatar. o CCN busca informar sobre a civilização africana antes da Colonização, o processo de colonização e escravidão no Brasil, os movimentos de Resistência Negra desde a colonização até a contemporaneidade, Organizações Negras, as Entidades religiosas. os mecanismos de barragens da sociedade racista atual, a estética afro-brasileira, relações sociais, políticas partidárias, políticas econômicas, relações de poder, as produções acadêmicas do negro pelo negro etc..

A primeira proposta de interferência no que seria chamado de currículo foi pontuada pela atuação do instrutor na sala de aula. interagindo aspectos político-sociais aos conteúdos do programa oficial do concurso vestibular.

> A intervenção do professor é fundamental para promover a interação na sala de aula. Da sua prática concreta, decisões e intencionalidade, surgirão o contorno do currículo, o que é uma complexidade impar, porquanto irão direcionar a ação pedagógica e imprimir um significado ao processo educativo. (SILVA, 1991:1).

Essa primeira ação pode ser vista como uma preparação para intervenções mais diretivas, o que deu a este período um caráter que se poderia chamar de "Pedagogia da Transição".

> "Referindo-se a pedagogia da transição como uma etapa para uma pedagogia transformadora. Shor reconhece a existência de graus no estabelecimento da consciência crítica". (SILVA, 1990:40).

Alguns conceitos de currículo são necessários, entre eles a compreensão do mesmo como um instrumento capaz de facilitar o processo de construção do conhecimento, e da informação capaz de facilitar o indivíduo nas suas variadas relações estabeleci das com a sociedade. além de algumas concepções teóricas acerca de currículo, tomadas como referência para análise desse "Currículo Biko". Percebe-se a Cooperativa reunindo vários deles. o que o faz abrangente, sem compromissos de seguir essa ou aquela linha teórica, tendo como preocupação favorecer os aspectos que se mostrem por inferência, e também por outras experiências, como facilitadores do processo de formação e de informação do indivíduo e do grupo, de modo a perceber os processos de inserção e ascensão social, como também os que lhes servem de barragem.

Assim, existe um conjunto de ações, situações, e conteúdos que se incorporaram a esse currículo. desde aspectos físicos como a casa que serve de sede. passando pelos conteúdos, até as atividades (palestras. seminários, festividades. celebração de datas comemorativas. etc.) que se propõem a mexer com aspectos de extrema subjetividade como a própria perspectiva de construção de identidade, auto-estima e cidadania.

> 0 trabalho que se desenvolve no interior desses núcleos de resistência tenta desmistificar a negatividade, o estigma que a sociedade brasileira atribui ao ser negro, através de um processo de valorização, de auto-estima. a partir de um programa de reflexão e trabalho, oferecendo caminhos para uma nova forma de viver, sempre transformando estigmas em positividade: "somos bonitos. nosso cabelo é bom, temos inteligência. temos competência organizativa, temos sentimentos nobres e boa aparência". (SIQUEIRA, 1997).

Dentro da concepção curricular que a Cooperativa vem incorporando, o espaço físico é também uma composição que denota uma preocupação e compõe o conjunto das características que se constituem importantes ao processo.

A história da Bahia é marcada por movimentos de insurgência negra que. de algum modo. se refletem através da arquitetura de algumas áreas que conseguiram resistir ao desgaste do tempo e à falta de preservação, guardando em si fatos importantes aos quais serviram de cenário. As análises das construções simbólicas propostas pela Cooperativa justificam interesse e a preocupação com o espaço-sede. Contudo, circunstancialmente, a Cooperativa já esteve colocada em espaços os mais variados. que não referendavam os elementos culturais que evidenciam as histórias de luta e de resistência do povo negro. Os espaços refletem idéias, culturas e por isso precisam ser cuidadosamente elaborados. de modo a não serem descontextualizadas, ou até mesmo criarem distorções.

Os imóveis que abrigaram como sede o Instituto Cultural e Beneficente Steve Biko, é carinhosamente chamado "Casa de Biko", com a decoração que busca compor uma estética afro-brasileira contemporânea, exaltando figuras humanas, situações, locais: eventos. informações importantes à compreensão da história e cultura afro-brasileiras e referências culturais que, aqui no Brasil. se reelaboram a partir das culturas africanas de origem.

Esses imóveis que a entidade vem ocupando ainda não conseguem acolher nas suas instalações todas as atividades que o caráter da entidade determina: palestras, seminários, dinâmicas de grupo, assembléias, etc., necessárias ao contexto da perspectiva de trabalho do Instituto Cultural e Beneficente Steve Biko, porém se propõe antes de tudo a ser um espaço de aglutinação, de discussão política, de referência. desempenhando uma função relevante favorecendo algumas mediações e articulações na comunidade.

No conjunto, busca-se repensar além do modelo de relação que se estabelece na Escola Oficial, também se busca transformar a aparência de escola oficial. embora, ainda se conservem um pouco deste aspecto. especialmente as salas de aula, elas ainda refletem o modelo convencIOnal contemporâneo, das escolas de terceiro ano colegial que. de algum modo. contemplam as necessidades emergentes da preparação para o vestibular, porém se revela contraditória ao conjunto de intenções. interesses e perspectivas da instituição.

A "Casa de Biko" faz pulsar cotidianamente uma energia negra resultante de tudo que compõe a decoração: fotos. cartazes. convites. avisos, que dão a ela a "cara preta" pretendida, que cria de modo natural susceptibilidade às discussões político-raciais a cada encontro entre indivíduos e/ou no coletivo que a casa abriga. Apresentar a Cooperativa num espaço bonito, saudável, aconchegante, acolhedor. Social, político, informativo, dentro de uma estética africana reconstruída a partir de elementos extraídos dessa cultura é provar a existência do belo em outros símbolos que não os que a sociedade adotou como modelo e referência. A valoração positiva dos elementos do conjunto cultural afro-brasileiro aponta uma identificação e o gosto anteriormente submersos em falsos conceitos, construídos com base numa hierarquização que não corresponde aos propósitos que se afirmam.

> "[...] Simplesmente introduzir mais conhecimento ou conhecimento diferente nas escolas não é suficiente. Entretanto, outra vez, precisamos pensar numa estratégia socialista como estando baseada numa frente ampla, em que tanto uma ação cultural quanto uma ação político-econômica são necessárias num único e mesmo momento. Tentativas isoladas de reforma curricular não terão provavelmente resultados. Entretanto, novamente, se elas puderam ser vinculadas a outras lutas e a outros grupos. suas chances serão sem dúvidas aumentadas.. Como argumentei antes, nenhuma instituição ou ideologia dominante é totalmente monolítica. Haverá "espaços" que podem ser trabalhados e que oferecerão a chance ao menos de êxito parcia,. mesmo que esse êxito consista em aprender mais a respeito tanto da política de organizar-se quanto das condições necessárias para um trabalho concreto adicional". (APPLE, 1989, p. 143).

Os agentes motivadores do surgimento da Cooperativa determinam que suas ações ultrapassem os limites das informações dos conhecimentos específicos e avancem no sentido de prerrogativas que possam determinar uma postura de resistência frente às situações de discriminação racial, assim como conhecimentos políticos e da realidade social que possibilitem ao afro-brasileiro constituírem-se cidadãos, contribuindo para a sua mobilidade social rumo a inserção social.

Nesta perspectiva em 1992, quando do início das atividades, os Instrutores buscavam inserir aos conteúdos específicos das suas disciplinas as discussões político-raciais, estimular as reflexões a cerca das questões sócio-político-racial, a partir de textos, citações, ilustrações didáticas, além das efervescentes discussões que permeavam as noites da Cooperativa, sempre que reuniam-se dois ou três dos fundadores.

Contudo, numa avaliação feita no final do primeiro ano letivo mais a sugestão de algumas pessoas que, de fora, acompanhavam essa movimentação inicial, considerou-se que as sistematizações dessas ações poderiam contribuir de modo mais efetivo ao que se propunha. A partir daí com dia e horário preestabelecidos, com presença de convidados. aconteciam os encontros que buscavam discussões de temas. que pudessem contribuir. Nesta direção o que reafirmava a percepção da necessidade da presença indispensável dos conceitos de auto-estima e cidadania.

As interações facilitadas por esses trabalhos, e a experiência das relações nas convivências diárias foram ao longo dos anos evidenciando características que poderiam ser Importantes a essa empreitada, assim a partir dos objetivos propostos pela Cooperativa, e pensando no CCN com o eixo centralizador dessa construção, definiu-se os objetivos gerais e específicos dessa ação, que a partir de então passaria ter um caráter de disciplina, com carga horária e Programa de conteúdos definidos, uma referência à condução das atividades.

O CCN é onde se pretende que seja a "morada" do "espírito da Cooperativa", como os textos que nas interpretações artísticas dão aos atores o norte dos seus personagens, mas ao mesmo tempo deixa não mão de cada um a possibilidade de recriar, e reinterpretar seus personagens.

Assim paralelamente foram se construindo os objetivos da Cooperativa Educacional Steve Biko e se desenhando o CCN, numa flexibilidade que requer a dinâmica de todo o processo educativo, de modo a viabilizar. a construção de categorias essenciais. que podem favorecer ao alcance do conjunto dos objetivos.

O CCN tem como objetivo oferecer a todos quantos participam da composição da Cooperativa quer como aluno, instrutor, sócio-contribuinte. colaboradores, um programa de informações, e possibilidades de relações, que possam favorecer a reconstrução da auto-estima, da identidade étnica e o despertar para o exercício da cidadania. Neste sentido o Programa CCN abrange desde Introdução à Sociologia, dando uma visão geral do Tecido social Nacional; recomposição da trajetória da História do Negro no Brasil, antecedendo ao ponto em que a história oficial narra sua chegada no Brasil na condição de escravizado, até os dias atuais; visão geral da conjuntura sócio-político-racialatual, buscando resgatar a origem dos fenômenos: sempre buscando valorizar e motivar as relações em grupo. de cooperação mutua, de solidariedade. Estas atividades são desenvolvidas através de Seminários. Palestras. Debates, Depoimentos. Dinâmicas de Grupo, Eventos de integração considerando o calendário oficial redefinindo, revalorizando, e o Calendário com datas que exaltam acontecimentos e figuras humanas que construíram a trajetória de resistência negra em toda diáspora africana.

A Cooperativa Educacional Steve Biko vem definindo seu traçado pedagógico, ao mesmo tempo em que se constrói a própria Cooperativa, por outro lado acompanham sem nenhuma possibilidade de interferência os conteúdos que compõem o Programa Concurso Vestibular, assim sendo, toma-se como referência o Programa do Concurso Vestibular da UFBA, em especial pelo fato da maioria dos alunos serem candidatos as vagas da UFBA, que embora sendo trabalhadores e a perspectiva para os trabalhadores assalariados seja os cursos noturnos e particulares, o público que vem sendo atendido pela Cooperativa Steve Biko é expressivamente de trabalhadores desempregados, ou que sobrevivem da economia informal, cujo a possibilidade freqüentarem as Faculdades particulares é algo muito distante, além do que se avaliou como sendo o programa mais completo, considerando os conteúdos que são cobrados, na medida em que consegue trabalhar esse Programa, os Programas de outras Universidades e, Faculdades poderão estar sendo contemplados.

O material didático utilizado nos estudos de conteúdos das disciplinas regulares, em vista da formação específica para o vestibular são os módulos dos já conhecidos cursinhos, e sempre que o Instrutor(a) julga necessário, esses módulos são complementado com listas de exercícios e/ou ou textos organizado por ele(a), contudo existe um enfoque para a construção do projeto de produção do próprio material didático de pré-vestibular da Cooperativa.

Embora não possa haver flexibilidade no que se refere à seleção dos conteúdos, existe a possibilidade, e assim é feito, estabelecendo-se um paralelo entre o oficial e o real, a exemplo da História do Brasil Oficial e a História do Brasil Real, este paralelo é traçado em todos os momentos em que essa realidade se apresenta.

Como estas são construções permanentes dinâmicas e dialéticas, de troca, de interação, que podem ser facilitadas através do princípio da interdisciplinaridade, periodicamente ocorrem encontros, os quais são chamados Reuniões Pedagógicas, em períodos regulares, que já foram quinzenais, mensais, bimensais, definidas a partir das necessidades aliadas às disponibilidades. Os encontros ocorrem sempre nos finais de semana, ou a noite, em função de outras atribuições exercidas pelos membros do grupo, fora da Cooperativa, o que dificulta um horário favorável a maioria durante a semana.

A Coordenação Pedagógica, função exercida até então por uma profissional especializada, co formação em Pedagogia e habilitação em supervisão Educacional, oferece dois plantões noturnos semanais, momento em que os Instrutores podem procura-la para tratar de assuntos pedagógicos for a dos horários das reuniões.

Na perspectiva de promover, cada vez uma melhor interação, aluno x conteúdo x Instrutor, e através do Instrutor também com a entidade, mais e melhores encontros sistemáticos estão sendo pensados, e proporcionados. no propósito da busca pela qualidade, qualidade técnica e qualidade humana, nessa interação.

No início de cada período é organizada uma Jornada Pedagógica, oportunidade em que se planeja as atividades do período que se inicia, cada Coordenação do conjunto de coordenações que compõe a direção colegiada do Instituto. apresenta seu programa para o período. e os instrutores seu planos de curso, onde são discutidos, avaliados, na possibilidade de alteração caso a avaliação coletiva aponte para isso.

Nessa oportunidade. conta-se sempre com a presença de educadores (as) pesquisadores(as). que reconhecidamente desenvolve prática pedagógicas diferenciada, momento em que se socializam estas experiências, na perspectiva de está oferecendo elementos e, mecanismos para esta construção contínua da proposta pedagógica da Cooperativa Educacional Steve Biko.

A Steve Biko, na sua trajetória entre criação. consolidação e redefinições face ao seu desempenho e articulação dos objetivos propostos com a comunidade, afimla-se no processo como uma Entidade do Movimento Negro brasileiro, ao tempo em que incorpora um caráter de entidade do Movimento Negro, ela reúne em si, militantes originários de diversas entidades do Movimento Negro e do Movimento Social Organizado. tanto na sua estrutura organizativa, compondo a Coordenação Executiva do Instituto que abriga a Cooperativa sua proposta pioneira e prioritária do momento. como também através dos seus colaboradores regulares e eventuais.

A partir do processo de pesquisa realizado, apresentamos pontos essenciais que são evidenciados na relação entre a proposta e ações da Cooperativa Educacional Steve Biko. Alguns dados em especial acabam por chamar mais atenção e são colocados como desafio, de modo especifico, mas com certeza deve ser traduzido como uma preocupação social geral. assim como a questão político-racial não deve ser uma preocupação especifica do segmento Afro-brasileiro.

Ao mesmo tempo em que a Cooperativa Educacional Steve Biko se estabelece como entidade educacional aponta a possibilidade de novas perspectivas para a comunidade afrobrasileira. viabilizando a inserção social através do processo formativo, firmando uma das possibilidades da Educação, que parecia perdida no contexto de exclusão imposta pelo Sistema Educacional Oficial através da manutenção da hierarquização étnica, o que vem assegurando a imobilidade social do segmento afro-brasileiro, mantendo-o maciçamente na base da pirâmide do tecido social no Brasil. Esse aspecto vem sendo tangenciado pela experiência à medida que alunos negros foram em significativa representatividade aprovados no Vestibular, e servindo de referencias para iniciativas semelhantes em vários Estados do País.

A experiência da Steve Biko de modo prático redimensiona a concepção de currículo, a partir dos conceitos defendidos por teóricos da Educação, e experiências bem sucedidas; criando a possibilidade de novas reflexões a cerca das estruturas curriculares firmadas e postas em prática até hoje no Sistema de ensino oficial. assim como a revisão das práticas pedagógicas ineficazes.

O sistema de Educação da Biko, de modo efetivo contribuiu para a reconstrução da identidade étnica e auto-estima de um número significativo de pessoas que por meio dela tiveram suas vidas modificadas, a partir da aprovação no vestibular, e também pela mudança real dos discursos sócio-político-racial.assim como uma mudança de postura diante da vida, o modo de encarar os desafios confrontados cotidianamente nas relações sociais. de modo pessoal e coletivo.

De maneira real a Cooperativa Educacional Steve Biko se coloca como referência para essas pessoas. um grupo de jovens afro-brasileiros que busca, desde sua redefinição estética. incorporando em suas práticas e discursos, firmarem a todo momento sua origem étnico-racial de descendência africana, com exemplos de vida. de lutas e de conquistas. de.inserções em espaços historicamente negados a este segmento étnico-racial, ocupando com competência estas conquistas, que marcam a história de mais de quatrocentos anos do povo negro de origem africana no Brasil, histórias de luta e de resistência que se adequam à realidade de cada momento. Assim, a Cooperativa marca sua resistência e luta, contra aos desafios do mundo contemporâneo globalizado. mas com especificidades marcadamente racistas, que no Brasil atinge em especial os afro-descendentes.

Suas ações determinam o alcance dos objetivos propostos no cotidiano de valorização de categorias subjetivas e significativas de construção simbólica, individuais e coletivas dando significado às histórias pessoais dos indivíduos. colocando-as no contexto coletivo.

A teorização desses princípios aponta a necessidade, assim como demonstram a possibilidade de construções de realidades que podem ter na Universidade um agente mediador dessas modificações. pela responsabilidade que assume e por serem agentes formadores dos educadores podendo, portanto, construir novos atores sociais. por meio de seus currículos repensados, questionados e reconstruídos onde possibilite discussões e conhecimentos da Universalidade social.

Uma questão que precisa ser tratada como desafio. é que embora exista um número significativamente maior de mulheres que entram na Cooperativa e participam do processo, o percentual de aprovação feminina no final é menor, em termos percentuais.

O Instituto Cultural e Beneficente Steve Biko tem, efetivamente, modificado a vida de um número significativo de afro-descendentes que estabelecem com ele uma relação real no dia-a-dia de seus estudos e momentos de reflexão, quer como aluno, ou em diferentes posições assumidas no universo interno da Cooperativa e fora dela modificando os estigmas. construindo auto-estima, identidade étnico-racial, exercício de cidadania, senso critico, reflexões sobre construção coletiva e vida em comunidade, a prioridade do bem coletivo em relação ao bem individual, análises sobre racismo enquanto mecanismo social e introjeções por ele produzidas, desmistificando mitos, a exemplo do mito da democracia racial; levando a uma organização Política que possibilite ações, reivindicações que vão permitindo inserções e mobilidade social.

A ação da Cooperativa Steve Biko, influenciou na criação de variass iniciativas semelhantes vem alterando a realidade de exclusão do afro-brasileiros. que não passam exclusivamente pela aprovação no vestibular, e põe o estado a partir do governo federal para pensar propostas no sentido da diminuição das desigualdades sociais vividas pelos afro-brasileiros, a exemplo das Ações Afirmativas aponta para a sociedade uma possibilidade concreta de mudanças nessa estrutura social montada.

OS SABERES DE UMA FESTA:
Conhecimento e vivência de jovens negros no Bloco Afro Araketu-Salvador/BA[1]

Elias Lins Guimarães

> *A aprendizagem espontânea e informal se dá nas múltiplas situações de vivência do cotidiano. Aprendemos na convivência com outras pessoas, na rua, nos passeios, em excursões, etc. Dá-se também nos múltiplos espaços não ocupados pela intencionalidade numa situação de ensino sistemático.* (LUCKESI)

Ao interpretar o processo educativo do Araketu-Sociedade Recreativa e Cultural, entidade de feição estético-recreativa cultural, em Salvador-Bahia, foram consideradas as possibilidades de aproveitamento das atividades de lazer, desenvolvidas por aquela entidade, como práticas educativas que asseguram aos participantes a afirmação de valores estéticos que viabilizam a recuperação dinâmica do ser negro. Procurou-se, portanto, redimensionar outra forma de educação na sociedade pluricultural brasileira e, particularmente na baiana, e analisar o conhecimento de nova linguagem simbólica que poderá servir de substrato a uma pedagogia que valorize a identidade da comunidade negra.

A trajetória dos atores sociais no processo coletivo de luta pela sedimentação de espaço de lazer, permitiu a elabo-

[1] Sociólogo, doutor em Educação pela UFBA, professor assistente da Universidade Estadual de Santa Cruz e da Universidade Católica do Salvador.

ração de um pensar sócioantropológico sobre a estrutura de reprodução de saber entre os jovens participantes da percussão mirim do Bloco Afro Araketu.

Buscou-se, assim, compreender os elementos que possibilitam o reconhecimento dos educandos em bases mais concretas, a partir de análises que evidenciam de que maneira e com quais objetivos o uso de práticas educativas possibilita aos adolescentes negros, que participam do Araketu buscarem, nos seus imaginários, referenciais simbólicos que equacionam as condições de sua existência.

Considerando que a teoria educacional não contempla ainda devidamente a compreensão mais global do funcionamento de procedimentos educativos ditos informais ou aformais, este estudo pretendeu identificar, empiricamente, como as idéias pedagógicas se manifestam e se utilizam de organizações culturais, possibilitando às classes populares construírem nos espaços lúdicos, sistemas de apropriação, reelaboração e transmissão de conhecimento organizado que implicam numa resistência cultural e numa cultura de resistência.

Assim, através do espelho de suas próprias experiências, grupos negros em Salvador começaram a construir pressupostos, conhecimentos e métodos de trabalho, mediante adequação de projetos aos seus contextos específicos, imprimindo, ao trabalho lúdico-educativo a partir das condições de vida e dos valores da cultura negra, o fortalecimento da identidade étnica. O modo de ver o mundo, as apreciações morais e valorativas, os diferentes comportamentos sociais e mesmo as posturas corporais dos jovens negros são fruto da construção dos produtos de uma herança cultural preservada

Assim, a compreensão dos saberes de uma festa, isto é, o ensino e aprendizagem no contexto cultural não escolar ancourou-se na interpretação da prática cotidiana dos jovens participantes da percussão mirim do bloco e da representação que eles faziam do mundo e deles mesmos o que os levava a estabelecer a concepção de realidade.

O interessante é que as organizações culturais negras constituem-se uma opção de lazer de alto potencial educativo e não se pode esquecer que a produção do lazer sob a lógica capitalista, conforme Bacelar (1991), atende a uma ótica racionalizadora, expansionista e homogeneizadora. Essa lógica delineia-se no sentido igualitário, democratizante, da qual todos podem participar enquanto massa de espectadores e que há um livre acesso ao consumo cultural.

Desse modo, contextualizado e inscrito em sua matriz histórica, o lazer da população negra pode, certamente, se apreendido como manifestação de população espoliada, discriminada, segregada pela ordem dominante. Ao mesmo tempo, como manifestação de população que faz uma nova leitura dos problemas e conflitos e, com sutileza, retraduz e constrapoõe-se ao instituído, criando uma forma especial de existência. Em outras palavras, pode-se pensar o lazer da população negra como dramatização de certos aspectos de sua vida social.

Partindo-se desse pressuposto, as reflexões a respeito dos conflitos vividos pelas camadas populares, a exemplo da educação, mostram a edificação de espaços no contexto da sociedade que tentam recriar identidades e buscar a universalidade cultural com prioridade e respeito aos excluídos, a partir do lazer o qual é visto como vivência cultural e momento de expressão da sensibilidade humana.

Ao se falar nos aspectos educativos do lazer está-se partindo de uma compreensão que considera o lazer um dos possíveis canais de atuação no plano cultural, isto é, como um dos campos possíveis de contra-hegemonia que visa contribuir para uma nova ordem moral e intelectual, favorecedora de mudanças no plano social. Neste sentido, a instrumentalizaçaão no seu aspecto educacional, do tempo disponível que as pessoas buscam o prazer, só tem significado na medida que possa contribuir para que essas pessoas tenham mais prazer de viver, sejam menos pressionada pela estrutura socioeconômica sufocante.

OS NOVOS NEGROS NA BAHIA, HOJE

O modo pelo qual o negro foi integrado socialmente depois da Abolição da Escravatura é, em grande parte, fundamentado na história da sua proletarização. Ora, o que se pode notar é que, no bojo das doutrinas criadas na época da intensa ação imperialista européia, a camada dominante brasileira, interessada na manutenção e preservação das estruturas aqui existentes, implantou a ideologia da inferioridade do negro, levando-o, como afirma Ianni (1962, p. 260), "a se conformar com a situação e com as avaliações que os brancos desenvolvem, devendo inclusive comportar-se com as suas expectativas". E, de fato, a ideologia racial do negro, fundamentada numa relação de inferioridade em face do branco que detinha o poder, exprime a sua consciência de submissão.

Mesmo estando distribuído no Brasil por um espaço social e por um espaço ecológico, como é natural aos demais grupos étnicos da sociedade brasileira, o negro tem a sua territorialidade demarcada por bolsões, inseridos nos quadros urbanos, como por exemplo, as escolas de samba, os terreiros de candomblé, os blocos afro. São essas as bases, quase sempre pobres e precárias, que o grupo dispõe para manter a sua **cultura** que é reproduzida no seio da coletividade através da religião, do lazer e da convivência. É o meio de agregação e resistência à dominação política e à marginalização econômica que ainda predominam sobre o grupo.

São espaços onde o negro pode reproduzir micromundos sociais que lhe são próprios e que, a grosso modo, estão sendo invadidos ou apropriados por outros segmentos sociais, com ou sem a cumplicidade dos próprios negros. Na opinião de alguns autores (Pereira, 1983; Ribeiro, 1984; Brito, 1981), essa seria uma das múltiplas facetas do processo histórico de folclorização da cultura negra no Brasil.

Parece difícil não reconhecer que uma das particularizações desta resistência é o espírito de conjunto, a solidariedade orgânica que constitui a 'maioria silenciosa'.

A abordagem reichniana considera que cada agrupamento social tem a função de não só refletir o processo econômico da sociedade, mas também, inserir esse processo nas estruturas psíquicas dos seres humanos dessa sociedade. Logo, existe uma relação essencial entre a estrutura econômica da sociedade e a estrutura psicológica das massas, no sentido de que a ideologia dominante é a ideologia da classe dominante quando se refere às contradições da estrutura econômica da sociedade então enraizadas nas estruturas psicológicas das massas oprimidas.

Os seres humanos estariam, desta forma, sujeitos às condições de sua existência: de um modo direto, pelos efeitos imediatos de sua situação sócioeconômica e, indiretamente, pela estrutura ideológica da sociedade e o negro não é uma exceção.

Conforme Maffesoli (1987), é o desejo coletivo que permite a solidariedade nos sofrimentos e nas resistências. Assim, são os vínculos criados nesses momentos vários e diversificados que permitem compreender a convergência de interesses interrompidos e, às vezes antagonistas, numa ação comum.

O desejo, ao se tornar consciente, dá sentido à estruturação individual e, desta forma, participa de um desejo mais geral que preside a associação de todas as coisas. Através das subjetividades declaradas, o desejo permite que a promessa e a garantia das associações sociais sejam encontradas.

Sob esse aspecto, a sociedade desenha o caráter dos seus membros padronizando comportamento, criando estereótipos necessários a sua criação. A ideologia dominante se manifesta materialmente, deixando-se ler no corpo dos indivíduos.

Os novos movimentos sociais no Brasil e, especificamente, em Salvador, são frutos de um longo processo de modificações operadas na economia e na sociedade. Segundo Oliveira (1987, p.117-118), "esses movimentos deveram-se aos sujeitos em ser de nossos atores sociais, criados pelo processo de industrialização, operariado, setor informal, classes médias e quadros". Registradas nas "classes operárias e seus sindicatos, para emergir nas figuras do morador urbano, dos habitantes das favelas e das periferias, das comunidades de base, nas figuras do movimento feminista, nas figuras do movimento negro, como momento de 'supressão' de uma não-identidade, para emergir como figura própria que reforça, pela especificidade, a figura geral do operariado" (Idem, p.117-118).

O vasto sistema industrial implantado - Petrobrás, Centro Industrial de Aratu, o Complexo Petroquímico de Camaçari - impôs mudanças econômicas e sociais na região de Salvador e nos velhos canaviais escravistas.

Quanto à vida social, a cidade de Salvador experimentou uma redefinição de posições sociais e recomposição da estrutura social, implicando, tudo isso, em mudança de hábitos, abrindo-se uma nova escala em termos de vivências e experiências humanas e sociais.

Na factualidade do cotidiano,

> esses movimentos nutrem uma matriz de identidade étnica, extraída no plano das práticas culturais e simbólicas que, longe de alimentarem a formação de uma auto-adscrição negativa, desfavorável, valorizam positivamente o atributo social (BAIRROS; BARRETO; CASTRO, 1992, p.4).

Com efeito, como atesta Agier (1992, p.2) "os meios nos quais se faz a assimilação e se desenvolve o itinerário dos indivíduos se tornam então os determinantes da eficácia de uma linha de identificação étnica".

Prosseguindo, Agier (1992, p.18) afirma que essa socialização étnica "tem peso maior quando o sujeito foi criado num bairro negro e numa família cuja mãe é mãe-de-santo e cujo pai sempre liderou pequenos grupos de samba", tornando-se bem mais significativa do que quando se resume a uma convivência tardia do sujeito com a militância negra estudantil.

Vale lembrar que as manifestações culturais negras sobreviventes estão intimamente associadas às dimensões do lazer e da religião afro-brasileira. Tal associação "determina a formação de um projeto de resistência negra no Brasil" (Pereira, 1984, p.178).

O conjunto de transformações pelo qual passou a Bahia e, especificamente, a cidade do Salvador, a partir dos anos 50, propiciou uma modificação radical das estruturas econômicas, da vida urbana e das relações profissionais.

Ao gravitar todo o tecido industrial em torno da petroquímica e da siderurgia, o antigo esteio da economia baiana – a produção rural – socioespacialmente distribuída, perde, paulatinamente, importância e hegemonia, frente ao capital industrial nacional e internacional que já predominava desde o final do século XIX.

Em conseqüência, o que era uma cidade que vivia de expedientes e era sede do capital bancário – controlador do excedente do cacau e do tabaco e de uma indústria de pouca expressão, comandada por uma oligarquia faustosa, letrada e investidora no centro sul – passa a conviver com o movimento de constituição das classes, o movimento pela descoberta, identificação e reconhecimento do outro (Oliveira, 1987).

Paradoxalmente tal movimento traduz a representação como elemento mediador da reprodução social de uma sociedade onde a maior parte dos dominados, aos olhos da oligarquia, são "não-explorados", pois vivem ainda às custas desta oligarquia.

São justamente essas representações que parecem demonstrar que os interesses dos dominados não estão na objetividade de uma convergência antagônica de interesses, mas conotam a aparência de uma harmonia social.

No bojo das mudanças estruturais da economia e da sociedade baiana desses últimos 40 anos, sobreviveu um processo de mobilidade que está diversificando o lugar do negro.

Se, portanto, as transformações econômicas e urbanas aumentaram sensivelmente a participação de negros no mercado de trabalho (Bairros, 1988; Agier, 1992; Bairros, Barreto E Castro, 1992), foi no período de 50 a 80, porém, que esse aumento se concretizou em alguns setores (atividades sociais, administração pública, comércio de mercadorias, bancos) ou em funções geralmente subalternas ou menos qualificadas no setor industrial, comercial ou no sub-ramo da construção civil.

Como conseqüência dessa mudança, a luta por galgar melhores posições nas relações de trabalho, pela educação e pelo direito de exercício de sua cidadania, pela liberdade de expressão cultural e simbólica e pelo engajamento no movimento negro político é que os "novos negros" podem pensar o seu "novo status" e a sua etnicidade.

Mesmo oriundos de meios sociais marcados pela pobreza, os "novos negros" lutam por um novo contexto nas mudanças do sistema produtivo e social da Bahia. Se a situação permite, a luta individual pela promoção social pode, também, se traduzir pela entrada do discurso negro sob sua forma cultural (Agier, 1992).

Esse discurso negro cultural poderia ser interpretado como uma explicitação de uma cultura já dada, transmitida nas linhas familiares e nas convivências locais da socialização de uma maneira de ser negro.

Quando se observa a questão da hierarquia social, na cidade do Salvador, hoje, não se pode deixar de reconhecer que a ascensão social dos "novos negros" e sua incorporação nas classes visíveis são, socialmente, uma insurgência significativa enquanto luta individual e/ou coletiva para a cidadania e para a construção de uma identidade social. Portanto, é muito mais do que uma soma de vontades individuais de ascender socialmente é "buscar ser gente".

É preciso lembrar a tentativa de mascaramento da realidade racial brasileira. A ideologia das relações raciais cordiais impregnada no mito da democracia racial, hoje, no Brasil, e, especificamente em Salvador, leva a população negra a um processo de acomodação. Mesmo considerando o estereótipo e o preconceito de cor, essa população é impelida a considerar o intercurso racial e acreditar que o racismo seja afeito a outras realidades alheias à sociedade brasileira.

Entretanto, a organização da desigualdade social e a conseqüente marginalização de contingentes populacionais, vistos como minoritários, mas na verdade majoritários na sociedade baiana, impulsiona a busca de alternativas e estratégias de rearticulação das relações socioeconômicas, políticas, culturais e simbólicas.

Nessa busca da construção da identidade social ou de uma diversidade étnica, bem como na sedimentação ocupacional no mercado de trabalho, os "novos negros" enfrentam a intolerância étnico-cultural e o racismo, por algumas razões internas ou externas injustificados no mundo negro, mas sempre presentes através do trabalho simbólico e da sua cultura.

Grupos voltados para o lazer, fundados numa sociabilidade, explodiram como fenômeno cultural, a "ponto de exigirem o substanciamento de um discurso político-social capaz de apontar a realidade de desigualdades sociais em que vivem seus atores". (Jesus, 1991, p. 4).

No contexto da desigualdade, esses grupos voltados para o lazer imprimem a exaltação da festa como um corolário da exaltação do corpo, como uma reivindicação do mais-ser-coletivo. É a metáfora do sensual que na sua própria indisciplina, reflete a exaltação do corpo e ao mesmo tempo venera a contenção dele. Nesse gestual metafórico, o povo pobre mostra a sua afirmação de vida, revelando que o corpo na sua riqueza polimorfa, é a única riqueza.

Consciente de sua própria realidade e conhecendo a sociedade baiana, da qual é participante entusiasta, a juventude negra baiana, frente às novas tendências do mundo urbano-industrial, tem demonstrado, entre outros aspectos, um jeito lúdico e pragmático de lidar com as formas e elementos daquele mundo, consubstanciando um gesto estético-político.

Desenvolvendo expediente de sobrevivência social, a população negra configurou um sistema cultural próprio de sua condição de dominada, dentro, obviamente, dos limites estabelecidos pela estrutura de dominação.

É justamente nessa dimensão estético-recreativa do carnaval baiano, a partir dos anos 70, com a criação dos grupos negros, que se processa a auto-identificação do ser negro e a consciência das suas potencialidades, seja em nível da organização, agregando milhares de pessoas, seja em nível de referencial, pela apropriação do corpo, temática e, sobretudo, musicalidade, revelando "uma dimensão positiva com nítido significado na perspectiva de uma afirmação étnica". (Bacelar, 1989, p. 91).

Na medida em que o crescimento econômico não tratava com eqüidade as classes sociais, agravando as desigualdades sociais e raciais, segmentos da juventude negro-baiana, ao mesmo tempo que se interessavam cada vez mais pelas coisas da África e da negritude, tendo como discurso o resgate da identidade tradicional africana, afirmavam a sua contemporaneidade, através de uma identidade mítica, fundamentada em aspectos simbólicos da cultura afro-moderna e firmando suas atividades culturais como meios de sobrevivência.

Dada a importância que tem o carnaval na vida social baiana, esses agrupamentos se sedimentaram na ocupação do espaço carnavalizado de Salvador, não só ampliando o espaço inter-étnico como mantendo e perpetuando culturalmente os negros, através de implicações sociais, políticas e simbólicas daí decorrentes.

Na denominada democracia racial, os direitos dos negros formalmente são iguais aos dos brancos, mas o que ocorre é que eles não são considerados. Então há recorrência, acredita-se, da população negra à afirmação de valores estéticos voltados para a busca da conversão, da aprovação e da legitimação dos segmentos negros da sociedade.

Da Matta (1979) concebe que no carnaval, quando "se brinca", há uma relação e também uma simulação de posições e de sentimentos. Está-se dramatizando relações, possibilidades, desejos, posições sociais, daí ser a festa momesca um local onde todos estão vivendo como se estivessem num grande palco.

É, afinal, um rito sem dono onde se encontra neste momento os reconhecidos marginais do universo social, mas bem perto dos seus mundos, isto é, da música, do canto, da dança e dos gestos, que os transporta harmonicamente à sua realidade.

A raça negra que já havia argamassado com seu suor os alicerces da nossa civilização, ajudou decisivamente no gosto artístico e cultural e religioso.

Dessa forma, a cultura e a religiosidade dos negros na dimensão da modernidade não são apenas a existência de manifestações culturais e religiosas em evidência, mas a criatividade subjetiva e um território de resistência construídos por gerações oprimidas.

Ao analisar o desfile das Escolas de Samba do Rio de Janeiro, Leopoldi (1977, p. 33) aponta que o ritual é "como categorias que abrangem não só as manifestações de caráter religioso, mas também não possuindo conotação religiosa são suscetíveis de expressar aspectos cruciais da estrutura da sociedade em que ocorrem".

Tratando-se de uma convenção social, certamente de "uma suspensão delirante da vida rotineira por um certo espaço de tempo", o carnaval de Salvador é uma das poucas conquistas já asseguradas pelos negros em termos de aglutinação estética das forças de celebração" (Risério, 1981, p. 19).

Isto implica em parcialidade no que tange à análise. Quando se observa os processos sociais que fazem a teia de relações e que permitem a focalização de personagens particulares em um espaço específico, acredita-se poder pensar o momento de lazer dos "novos negros" em Salvador na dramatização de alguns aspectos da sua realidade.

Ora, considerando os blocos-afro como agências informais de lazer, estes demonstram no contexto do entretenimento, manifestações simbólicas e aspectos das socialidades da vida dos seus componentes.

A fim de exprimir esta socialidade, numa concepção maffesoliana, pode-se afirmar esta sensibilidade coletiva que serviria de esteio para a formação dos grupos etnicamente diferenciados no contexto de urbes atuais, correspondendo à constituição da comunidade de destino baseada na solidariedade.

Na perspectiva da socialidade, a comunidade de destino seria definida

> "pela maneira de estar-junto traduzida por três vetores: o costume (convivência), a ética (o laço coletivo) e uma estética (o sentir comum). Nestes termos, o costume predominaria como forma de comunicação, no momento em que os valores proxêmicos tomam importância, face a saturação das representações sociais formais, tais como os partidos e outras instituições de classe" (MAFFESOLI, 1987, p. 31 apud Jesus, 1991, p. 37).

Morales (1990, p. 20) afirma que a dinâmica onde cabem as manifestações culturais negras em Salvador se caracteriza pela superação de barreiras que poderiam permitir a elaboração de sub-culturas relativamente autônomas "dado que no presente, vemo-nos indiferencialmente submetidos a uma indústria cultural, que tem por função difundir para o conjunto da população produtos culturais, como seus subjacentes padrões cognitivos estéticos e étnicos."

Enfim, deve-se lembrar do processo de formação cultural da juventude brasileira e especificamente a baiana a partir dos anos 60.

No processo de reorganização da nossa própria economia onde é engendrada a dimensão da modernização, as relações entre cultura e Estado são sensivelmente alteradas em relação ao passado. No período em que a economia brasileira cria um mercado de bens materiais, tem-se de forma correlata o desenvolvimento de um mercado de bens simbólicos que dizem respeito à área da cultura.

Essa noção de mercado simbólico, segundo Ortiz (1985, p. 83), "emerge no momento em que a esfera cultural adquire uma autonomia em relação ao mercado material". O que se observa é que durante o período de 64/80, ocorreu uma expansão em nível da produção, da distribuição e do consumo dos bens culturais, imprimindo ao mercado cultural um volume e uma dimensão consideráveis.

As produções culturais tornam-se mais diferenciadas atingindo um grande público consumidor, conferindo ao mercado cultural uma dimensão nacional.

A concentração da população nos grandes centros urbanos e o crescimento da classe média vão permitir e estimular "a criação de um espaço cultural onde os bens simbólicos passam a ser consumidos por um público cada vez maior", segundo Ortiz (1985, p. 83).

Acredita-se, assim, que a crise de valores tem determinado maior envolvimento do grande público no processo de busca de referenciais e de caminhos.

Considerando a realidade e o pensamento autoritário da época, a ideologia não se volta exclusivamente para a repressão, mas possui um lado ativo que serve de base para uma série de atividades que serão desenvolvidas pelo Estado. A movimentação dos negros baianos teve como referência os movimentos políticos e as manifestações culturais que ocorreram no mundo e no Brasil, a exemplo das lutas pela independência dos países africanos, as informações do Black Power americano e o "ethos" de resistência sedimentado na religião afro-baiana.

Neste sentido é que afloraram a solidariedade dos negros entre si, o respeito à mulher negra, a valorização das religiões de origem africana, a afirmação do padrão de beleza negra e, principalmente, o ensino formal de história das civilizações africanas através da iconografia e das músicas.

Decorrência desse contexto é o comportamento da juventude negro-baiana sintonizado no conjunto de transformações, à nova realidade política e urbana-industrial que se processava em nível do crescimento e organização da cidade do Salvador, na redefinição do poder político, nos padrões e inovações tecnológicas.

Não se deve esquecer que o estado da Bahia em geral e a cidade de Salvador em particular, além da expressiva contingência de pobreza são ideologicamente identificados no Brasil contemporâneo pelo o que se denomina negritude, sendo ao mesmo tempo um continuum essencialmente cultural.

A partir dos anos 80,

> o sentido da socialidade da juventude urbana negro-baiana é orientada da sua região social para o exclusivo étnico, através do bloco-afro. A cultura passa a ser vista como ideologia e política, não só como movimento de preservação de raízes na construção da identidade do ser negro (BACELAR, 1989, p. 92).

Constrói-se, portanto, uma sobrevivência das raízes africanas com enfrentamento e disseminação estética e cultural expressando a liberdade criativa e disposição inovadora da juventude atual através da música, da poesia, da dança, do vestuário e da gestualidade. Assim, "o sentido de pertencer dos trabalhadores urbanos negros é orientado da sua região social para o exclusivismo étnico, através do novo bloco" (Bacelar, 1989, p. 92).

O POVO DE KETU

Já esboçado o perfil e a trejetória dos "novos negros" na busca de sua identidade étnica, aponta-se as bases referenciais de ancestralidade do Araketu na categoria de bloco afro.

Alguns aspectos do cotidiano popular das periferias urbanas possibilitam entender como em determinados espaços, os trabalhadores vivem experiências as quais não objetivam, exclusivamente, a produção de bens materiais. Na verdade, esses espaços constituem-se significativos rituais de representação do social idealizado.

O urbano não se esgota no plano das representações. Ele tem sua expressão política, que é o palco de movimentos de reivindicação específica dos atores sociais. Entretanto, em determinados locais de sobrevivência cultural negra, existem territórios com características próprias usadas como informações universais, servindo, pois, de ampliação do horizonte cultural.

Na periferia dos grandes centros urbanos, e no caso específico, Salvador, não se configura uma realidade contínua e indiferenciada. Ao contrário, parece que esta realidade constitutiva de relações está repartida em espaços sociais e territorialmente definidos por meio de marcas, de regras, de acontecimentos, de comportamentos que os tornam densos de significação.

Magnani (1984) afirma que esses pedaços têm uma importância significativa para as camadas excluídas, marginalizadas, discriminadas, devido ao fato de que, em condições precárias de existência, são mais dependentes dos laços de vizinhança, de origem, de parentesco e das formas de entretenimento. Na tecitura dessas relações é assegurado o mínimo vital e cultural que permitem a sobrevivência, a vida associativa, o desfrutar do lazer, a troca de informações, a prática de devoção. Enfim, é onde se tece a trama do cotidiano.

Assim, acredita-se não ser possível pensar a população dos bairros periféricos somente como protagonistas de movimentos reivindicatórios, privilegiando exclusivamente a sua condição de trabalhador e, desta forma, descartando ou abstraindo as formas através das quais expressam seu universo cultural e simbólico.

Isto parece sem relevância política, se quiser compreender apenas os valores e as reais condições de vida dos trabalhadores, e especificamente do contingente negro dos bairros periféricos tem-se que pensar os fatores culturais.

Não resta dúvida de que o tempo liberado pelo trabalho produtivo é o momento ideal de integração na vida social, bem como de participação nos modelos coletivos, é o instante de "acesso" à vida imaginária.

Na factualidade do cotidiano, o pedaço do lazer das populações marginalizadas, apresentando elementos lúdicos e cognitivos, deixa marcas significativas na cultura, através da convivência, da vivência e da produção cultural, vinculando parentesco e vizinhança à solidariedade grupal, viabilizando um aprendizado mediante a exploração lúdica da realidade.

Ao se relacionar festivamente com o pedaço pela música, pela dança e pela liberação dos sentidos, "o indivíduo modifica a sua energia, a sua força pessoal e seduz à diferença étnica para uma maior sensibilização em face ao mundo". (SODRÉ, 1988, p. 133). O real não emerge da temporalidade abstrata criada pelo valor que rege o mundo do trabalho capitalista o real surge, ao contrário, de um tempo próprio, diferente do cronológico.

Os espaços de lazer dos blocos-afro são os da proximidade entre a vida cotidiana e a produção simbólica, ethos de uma atmosfera emocional ou afetiva. Ou ainda, como analisa Sodré, é aquilo que se poderia denominar de "contra-espaço", ou seja, a idéia de um território simbólico onde trabalhadores e a juventude da periferia urbana se reúnem, abrigando-se das repressões, das recriminações ou de olhares que incomodam. É o lugar do "não poder branco", mas que admite o contato, o acerto.

Deve-se esclarecer que, ao lado do empenho de socialização – fluxos sociabilizantes sempre implicam em heterogeneidade étnico-cultural, mas também pluralidade de afetos (amor, ódio, desejo) –, o grupo negro em questão é reconhecido pela alegria, pelo transbordamento, pelo divertimento pessoal e pela gratificação do ego.

Para uma melhor compreensão, faz-se um breve esclarecimento sobre a condição existencial das populações do subúrbio ferroviário de Periperi, em Salvador, onde está localizado o Bloco Afro Araketu.

O que pode ser dito daquela população é que, em sua maioria, como as demais da periferia da cidade, é constituída por trabalhadores de baixa renda, com a predominância de negros e de mestiços, inserida de diferentes maneiras na produção capitalista, ocupando na estrutura socioeconômica de Salvador os últimos escalões de estratificação social, decorrendo daí conflitos constantes.

Quanto aos sujeitos delimitados para o presente estudo, basicamente são aqueles que freqüentam e ou participam do Araketu constituindo, basicamente, a juventude negra suburbana com a predominância de adolescentes.

As diferentes formas, através das quais esses atores pensam e organizam o espaço cotidiano, são lastreadas pelas relações de parentesco, de vizinhança, de lazer, estando marcadas pelas condições de seu modo de viver e, assumindo, pois, formas culturais específicas.

Vivendo na desigualdade econômica que impõe permanecer na periferia social e espacial da vida lúdica e física, o universo simbólico da população periférica e negra parece não ser um todo coerente e utilitário. Apresenta-se como um conjunto fragmentado de normas e valores onde coexistem crenças religiosas e conhecimentos práticos.

Então, se o lazer é absorvido pelo grupo é porque tem significado para aqueles que o vivenciam. Por outro lado, o fato de conviver com a diversidade cultural e integrar as diferenças raciais sem perder o horizonte da matriz simbólica africana parece ser mais uma característica do bloco-afro em questão.

Historicamente, conforme Bacelar (1989), os negros baianos, seja através dos grupos informais nas ruas, seja nos blocos de índios e afoxés, sempre participaram do carnaval do centro da cidade de Salvador. Contudo, nessa participação ainda não se processava a auto-identificação de forma explícita do ser negro.

A partir dos anos 70, um conjunto de fatores, já apresentados, possibilitou o desenvolvimento do sentido de negritude, viabilizando um sentimento de pertencer cultural e simbólica no espaço político e cultural de Salvador. A dimensão política trazida à luz pelo Movimento Negro Unificado é uma conduta que, pela sua natureza, possibilitou de forma crítica discutir a situação étnica baiana.

O discurso cultural celebrando os valores da cultura negra, ao refletir o processo histórico da Bahia, buscou nas raízes africanas revividas, a construção da identidade e resistência cultural.

O primeiro efeito desse discurso foi o surgimento de grupos formais e informais de feição estético-recreativa, a exemplo do Ilê Aiyê, em 1974, que revivendo de forma contemporânea os afoxés, revelaram a dimensão étnica no carnaval baiano, potencializando a afirmação da negritude.

Com efeito, a conexão essencial por meio da qual a cultura vai fecundar o sentimento de pertencer ao grupo étnico, permitiu organizar a partir do Ilê Aiyê, outros afoxés e blocos afro na cidade de Salvador, enaltecendo a vaidade e o orgulho de ser negro, bem como a criação de territórios.

O Araketu foi fundado em 1980, no subúrbio ferroviário de Periperi, na cidade do Salvador, por um grupo de negros parentes e amigos. Etimologicamente, a palavra significa em iorubá, povo de Ketu, antiga cidade nigeriana, donde procederam grandes levas de população africana para a Bahia.

Nas declarações da sua presidenta, no jogo do Ifá, os búzios trouxeram Oxossi como orixá protetor do Araketu, por isso, passou o bloco a utilizar-se do seu símbolo, o Ofá, para a sua representação.

Tal previsão fez com que, já no primeiro ano que o bloco participou do carnaval da Bahia, recaísse na escolha do enredo, a narração da história da vinda da família real africana para o Brasil, que tem no simbolismo de Oxossi, a personificação do rei de Ketu, da cidade de Ketu.

Não se pode desconhecer que, enquanto processo, o mito surge como verdade instituída, isto é, percebida de maneira espontânea, permitindo uma compreensão da realidade do homem, situando-o no mundo. Essa recorrência do bloco ao mito tem a ver com a realidade vivida das emoções, afetividades e religiosidades contextualizadas na representação dos indivíduos participantes.

Desde sua fundação, sempre apresentando enredos afrobaianos, cada ano reverencia um orixá do panteão nagô e, juntamente com os demais blocos-afro "vem constituindo um verdadeiro núcleo de valorização da cultura afro-brasileira, mantendo vivas as tradições e perpetuando seus costumes ao embalo do ritmo ijexá". (LACERDA, 1993).

O Araketu, como os demais blocos afro, tem como elementos constitutivos uma banda, uma ala de canto, compositores, associados e uma percussão mirim. Quanto ao quadro referencial a percussão mirim se situa no âmbito dos projetos pedagógicos desenvolvidos por outros blocos, a exemplo do Ilê Aiyê, Olodum que oportunizam aos jovens negros instrução musical potencializando seus desejos e aspirações.

Com um trabalho voltado para a cultura e religião afro-brasileira, fortificando através de suas práticas a resistência dessa cultura, o Araketu, mesmo não tendo uma origem essencialmente africana e, ainda que possa ser considerado em alguns momentos como reflexo de dependência cultural ou manifestação imposta pela sociedade dominante, pode ser analisado como manifestação cultural negra, à medida que tem um caráter de mobilização de elementos negros através da dança, de comportamentos e da música característicos da África Negra. Daí, o bloco representa, também, em alguns momentos, um "ser-estar-junto" para a população trabalhadora e negra da periferia, através de uma manifestação cultural que os identifica entre si de alguma forma pelo tipo de vestuário, pela dança e pela música, enfim, por um padrão estético próprio.

Mas ao mesmo tempo que é uma atividade cultural voltada para as questões negras, também evidencia em sua práxis discussões gerais sobre a conjuntura baiana, brasileira e da diáspora negra, como um todo. Utilizando-se de mecanismos que instituem canais de comunicação é criado, concomitantemente, um lugar de proximidade entre a vida cotidiana e a produção simbólica, imperando uma atmosfera afetiva.

Esse trabalho relacional, entretanto, implica no próprio trabalho musical do Araketu que se baseia em constantes pesquisas sobre a história das antigas civilizações da África Negra, "sem, contudo, ignorar as tendências da moderna música africana e a marcante eletrização do carnaval da Bahia" (LACERDA, 1993).

Tanto é que, em 1989, sem alterar as formas tradicionais de suas raízes africanas, foi criada a banda Araketu, concebida pelos seus integrantes como uma proposta ousada e inovadora que objetivava buscar a originalidade, universalizando a música do bloco-afro Araketu. Concebia-se, portanto, que era possível fazer a junção de instrumentos percussivos com uma base instrumental eletrônica "identificando-se com a música atual africana que mistura elementos tribais primitivos com instrumental eletrônico de ponta" (GÓES, 1993).

É interessante perceber o processo de criação do bloco em Periperi. Basicamente, surgiu no contexto de toda movimentação dos negros que através da expressão político-cultural intentava na valorização da cultura negra brasileira e no reforço da auto-estima dos negros, tornando possível, na periferia urbana de Salvador, através do lúdico, um espaço de encontro e lazer da juventude negra.

Pode-se, partindo daí, entender melhor a existência do bloco em questão. Além de se destacar como grupo negro nas suas relações com a comunidade negra, mantendo certa tradição de família organizada socialmente, além de tirar algum proveito dessa comunidade, a própria atuação da banda, não deixa de ser um empreendimento lucrativo.

Está presente nas declarações dos integrantes que, além do objetivo de reunir pessoas negras para dançar e cantar, sem distinção financeira e social, há também uma preocupação daqueles indivíduos buscarem uma promoção enquanto grupo dentro do próprio meio negro. Eles estabelecem para si certo padrão de comportamento que os distinguem dos demais grupos, no sentido de conquistar certo prestígio.

É preciso considerar que o fato dessas pessoas serem negras em sua maioria, e estarem reunidas num mesmo lugar, ainda que por algumas horas, pode ter um sentido de resistência e um significado importante para a conscientização do negro. Principalmente, quando se tenta entender o que leva essas pessoas a procurarem o seu lazer, num mesmo lugar, ao mesmo tempo.

É evidente que a população que procura uma nova experiência na "festa do pedaço" do Araketu, não vai por mero acaso, e certamente não é só por amizade porque, em que pesem as relações de vizinhança, não se pode afirmar que todos se conheçam.

Traçando um paralelo com a aglutinação provocada pelo movimento black-soul analisada por Silva (1993, p. 255), pode-se afirmar que também no bloco existe um vínculo muito forte unindo as pessoas. Existe "uma identidade, que se foi descaracterizada como racial ao longo da sua existência, permaneceu pelo fator cor como indisfarçável".

Pressupõe-se que, se as pessoas negras se reúnem no mesmo local, com certa constância, "é de se entender que estão buscando uma identificação entre si por algum motivo, e acabam dando a esses encontros um caráter de resistência ainda que inconscientemente, contra a situação de exploração que é comum a todos" (SILVA, 1993 p. 255).

Neste momento de socialidade, da "festa do pedaço", parece que cada indivíduo reconhece o outro um seu igual, e este fato de "ser-estar-junto" com numa festa de negros, feita por negros, tem uma especial significância, pois, mesmo que não esteja questionando a situação racial, o ser negro já é um fator fundamental de identificação.

Em última instância, o que existe a todo o momento é à busca da preservação da identidade étnica, à medida que se está utilizando um veículo de expressão próprio de um grupo étnico.

Portanto, entendem-se as reuniões de caráter festivo promovidas pelo Araketu, reveladoras da necessidade do negro permanecer junto, através de veículos de expressão cultural viabilizando o protesto, denunciando a situação de exploração que os valores dominantes lhe impõem, ainda que de forma precária, pela via do cultural.

O CARÁTER EDUCATIVO DO LAZER DO BLOCO ARAKETU

Ao percorrer momentos do processo educativo do Araketu achou-se que a melhor maneira de tornar útil e significativo o seu trabalho pedagógico foi o de considerar em que tipos de práticas e com quais instrumentos o bloco procura transformar em ações as suas idéias.

O caminho pelo qual se analisou as relações deste processo educativo do lazer foi considerar a realidade do bloco, regida por um modelo de ação integrativa – modificar para melhorar – que articula pessoas e grupos, atualizando e revivendo valores comunitários e étnicos da população da periferia urbana de Salvador.

A pedagogia trabalhada é valorizada instrumentalmente de dentro para fora, sendo articulada como mecanismo alternativo que permite a reflexão e a tomada de consciência dos desejos, dos modos de sentir, de pensar e de expressar a vida e sentimentos de um segmento populacional.

O alvo de interesse da ação educativa do Araketu é a criança e o adolescente e a mobilização atinge indivíduos entre 10 e 17 anos. No momento da realização da pesquisa, encontravam-se inscritos para participar da percussão mirim 40 jovens, sendo que 14 foram entrevistados.

O bloco tem como prioridade ocupar as crianças e adolescentes da periferia em atividades educacionais lúdicas no intuito de tirá-los da rua para aprender alguma coisa, visando possibilitar uma socialização coletivista e solidária através do aprendizado em grupo.

Nas entrevistas realizadas com os participantes foi revelada a íntima relação entre o lazer e a educação. O tema mais recorrente foi, embora nem sempre anunciado, o preenchimento do tempo fora do horário escolar ou das horas ocupadas em estratégias de sobrevivência, para não ficar jogado na rua, mas ao contrário, aprender alguma coisa, ocupar-se em algo útil. Entretanto, a magia de atrair os jovens não surtiria efeito se o lazer do bloco não tivesse a capacidade de preencher a carência de atividades lúdicas na periferia e não fosse capaz de absorver tanto os envolvidos no bloco quanto os seus expectadores.

Certamente esta preocupação está diretamente associada com o efeito desagregador e desmoralizador que exerce nos bairros periféricos a questão dos comportamentos desviantes, que tem como estratégia aliciar os jovens como parceiros de negócios ilícitos. Esse tema é abordado e resumido na fala do mestre da percussão mirim, quando se perguntou sobre o significado e sentido de ensinar as crianças e jovens a tocar:

> "O sentido é o de tirar as crianças da rua, pois tem muito marginal que está surgindo e botando a perder a adolescência [...] Eu me sinto mal quando vejo uma criança ou um adolescente drogado, ou tomando relógio de alguém, desde quando aquela criança poderia ser um músico, poderia ter uma outra ocupação [...]".

Ao lado da absoluta necessidade de compreensão do universo que o educando habita, pode-se indicar o lazer do bloco como uma saída para o impasse entre ficar em casa onde nada se aprende ou na rua onde se aprende o que não deve. Ficar em casa, como aponta Zaluar (1991) – uma possível solução encontrada para o perigo representado pela rua na medida em que esta passou a representar o risco e violência – é uma saída que não satisfaz, visto que, por serem pobres, as famílias se movem em espaços extremamente exíguos e precisam desenvolver uma atividade incessante de trabalho.

Desta forma, o incentivo à participação na percussão mirim, por parte dos pais, expresso nas falas dos entrevistados, tem o sentido de deixar a casa e ir para fora, para os outros, para espaços mais amplos, para o mundo, enriquecer-se com novas experiências e relações:

> "Eles [os pais] deixam, não ligam. Sabem que não é ruim para mim. Meu pai diz que é melhor do

> que eu ficar na rua, sem fazer nada. Minha mãe fala que é uma oportunidade de aprender uma profissão, de ganhar dinheiro, de conhecer o mundo.
>
> Eles me mandam vim para aqui [bloco]. Quando não estou vendendo coisas na rua (geladinho) eu venho para o Araketu. É para aprender uma profissão e ter bons modos."

Ou, até mesmo quando foi questionado o que os amigos achavam deles participarem do bloco:

> "Meus amigos dizem que no Araketu eu posso ser gente. Acham um lugar bom para a gente freqüentar. Eles [meus amigos] me elogiam. Na rua em que eu moro alguns falam: ele está na banda mirim do Araketu, e isso é bom para mim. É melhor do que falar que eu estou na rua vagabundando, zoando."

As observações expostas sugerem que a participação na percussão mirim do bloco em questão parece ser uma alternativa para a rua, de um modo ou de outro se torna extensão dela, como espaço do seu compromisso, do seu objetivo imediato, à medida que atende prioritariamente crianças e adolescentes marginalizados.

Com efeito, logo se constata que o bloco ao se constituir uma alternativa para manter a criança carente fora da rua, propõe-se desenvolver um trabalho de educação informal, contando com a capacidade de mobilização do processo de aprendizagem – educação musical – para realizar algumas tarefas educativas.

A visão integradora da festa do pedaço que implica em rituais locais do bloco, a importância do lazer se expressa sobremaneira devido ao Araketu possuir uma quadra, isto é, uma sede própria onde é possível propiciar um espaço de atividade prazerosa, onde jovens adquirem ensinamentos mesmo que assistemáticos, de iniciação musical.

Sem uma pesquisa de opinião entre os moradores da localidade é difícil avaliar o papel lúdico do bloco unicamente como espaço de produção da Banda Araketu, ou como atividade supérflua, secundária, por isso os depoimentos são fundamentais fontes de informações. Por eles conclui-se que o lazer do bloco é visto como a oportunidade que oferece o ser-estar-junto com da comunidade suburbana.

Nessa visão integradora da festa do pedaço, resta ainda assinalar o seu aspecto de comemoração que implica na participação de outros atores nessa representação dramática da socialidade.

Nunca será demais insistir na parte lúdica da socialidade que é difícil de resumir em uma única finalidade. Na fala de um dos participantes, o imaginário fecundo, expresso por suas convicções, traduz essa compreensão. Perguntou-se sobre a participação no Araketu de pessoas que não são negras e nem da comunidade, assim se expressou:

> "Normal. Eu quero que todos venham não importa a qualidade e sim a participação. Eu quero que todos participem: branco, amarelo, negro. Aqui no Araketu não temos distinção com ninguém. Eu quero mais que eles venham, nos ajudem, participem da nossa festa, saiam no bloco, comprem nosso carnê, executem a nossa música. Não importa a cor, nem qualidade ou raça... O bloco é um espaço recreativo, prazeroso, aberto a todos. Nós somos universais!"

Naturalmente, na realidade da vida social os valores da cultura imprimem ao lazer dessas agências alternativas uma eficiência funcional, reforçando a eficácia política através do jogo da liberdade que tem a população marginalizada de criar outra realidade da vida cotidiana, através do sonho, da dramatização.

Convém reconhecer seu lugar específico nos modos de conhecimentos que possui do bloco. Na análise de algumas falas o caráter mais recorrente é permanecer no bloco às soltas sem ninguém lembrando que são negros ou marginais.

> "Muitas vezes estamos reunidos em locais como a praia e a praça, um bando de negão e os homens [polícia] passam e ficam nos olhando e chegam a pedir documentos, ou procuram logo saber o que estamos fazendo. Com a quadra do bloco temos um local onde se reúne o povo do subúrbio sem preocupação de ser olhado de forma diferente. Acho bom ter a quadra, porque se a gente ficasse ensaiando na rua o pessoal ficava criticando. Quando a gente erra o mestre nos ensina até a gente acertar."

Ainda que estas colocações denotem constrangimento, não é possível negar a sua realidade. Mesmo considerando a falta de equipamentos urbanos que proporcionem alternativas de lazer, o preenchimento do tempo da população suburbana não se concretizaria se as atividades do Araketu não esboçassem, com pertinência, a capacidade de mobilizar, prender, conscientizar e interessar os que a ela se entregam, mesmo por um curto período do ano.

Integrando-se numa complexidade orgânica, o Bloco, como um agrupamento afinitário, apresenta no contexto uma estrutura de comunicação, onde o desdobramento da paixão e do conflito entre participantes é marcado por ajuda mútua de conviviabilidade, de incentivo aos estudos, e de busca profissional, atestando a perdurância de um espírito de corpo.

Essas relações solidárias de ensinar-e-aprender criam um espaço onde todos são tratados igualmente, onde regras, convenções e decisões são definidas coletivamente pelo mestre e os educandos da percussão mirim.

Ora, é este o sentido que equaciona o tempo de permanência de adesão educativa dos participantes no qual se elencam escolhas, e se desfazem ilusões enquanto capacidades individuais e potencialidade do processo educativo.

Se for assim, onde realmente a educação informal do Araketu torna-se atrativa para os jovens negros da periferia?

Pode-se falar da educação informal do bloco como segmentação entre a vida comum, a duplicidade no jogo da representação e a sensibilidade coletiva. "É bom. Faz parte da minha vida. Parece até que eu me criei dentro do bloco. Se eu perder o Araketu foi uma parte que eu perdi. O Araketu me ensinou a viver. Foi onde eu me formei culturalmente", são colocações que traduzem e atestam o bloco como agente de socialização, alargamento da socialidade e ampliação do horizonte cultural.

O lazer proporcionado pelo bloco não quer dizer sublimação, suspensão da vida cotidiana, mas a alegria da possibilidade de ser o indivíduo reconhecido como pessoa, já que a prática educativa exige dos participantes, destreza, habilidade e dedicação, além da deferência e status de percussionista.

É possível se ter uma avaliação real dessa experiência. Um juízo de realidade é então possível. A associação do lazer com a alegria e com o prazer ao contrário do que se julga requer dos educandos seriedade, dedicação e esforço, implicando sempre, no imaginário do adolescente negro, a possibilidade de ascensão social. Os depoimentos revelam esse aspecto:

> "É uma oportunidade da gente evoluir. A gente aprendendo aqui (no bloco) pode ser um músico da Banda Araketu. Pode ganhar dinheiro e conhecer o mundo.
> No bloco, a gente se educa. Aprende a tocar, mas, também, a conversar com as pessoas. Aprende aquelas coisas da África, do nosso povo, através da música e da dança.
> A gente pode ter uma profissão depois de aprender a tocar, ser músico, ter um emprego. A música pode ser uma solução para quem não tem outra profissão."

Entretanto, o caráter desse lazer não se prende apenas a retórica da ação coletiva, da força viva da comunidade, mas a sua eficácia é ressaltada na revalorização de afirmações latentes do poder simbólico incorporado às questões étnicas. Torna-se, assim, significativa, orgânica e direta a ação pedagógica sobre o sentido da manifestação cultural negra.

Essa revalorização instrumental do lazer na busca do prazer, expressando valores, sentimentos e modos de ser do grupo, ao transformar símbolos significados culturais presentes no mundo negro, parece condicionar uma nova leitura da realidade, possibilitando a consciência étnica, a implementação de ações coletivas.

Enfatizando os aspectos sociais da ordem da sociedade inclusiva, não se separando dos seus aspectos materiais e culturais, há de se reconhecer o domínio de um poder simbólico que imprime significado, estrutura, integra e localiza os indivíduos nesse contexto cultural, orientando-os para configurações de interesses específicos.

Nas declarações dos entrevistados e nas observações feitas *in loco,* o lazer parece cumprir, através desse poder simbólico, uma função social à medida que valoriza e investe na coletividade, proporcionando socialidade e amizade, apresentando-se aos participantes como uma possibilidade de se defender das agruras da pobreza, do estereótipo e do preconceito engendrados contra o negro.

A vivência no bloco, além de criar um espaço social de encontro de pessoas, de ampliação do horizonte social, tem sua eficiência simbólica na medida em que proporciona investimentos individuais direcionados na perspectiva de vencer na vida e de se realizar no lazer.

A vida cotidiana, em sua simplicidade, apresenta-se aos jovens, que se iniciam no bloco, como um efeito de compensação, pois é aí que os educandos começam se inteirar de relatos e de experiências dos indivíduos da Banda Araketu sobre apresentações e viagens internacionais, através do mestre da percussão mirim. Desta forma, eles começam a entrar em contato com outras realidades que vão desde a cultura européia até o enraizamento dinâmico africano.

Esse contato onde se encontram reunidos não somente componentes engastados em um tempo-espaço - componentes afetivos e cognitivos - mas também cargas axiológicas, estéticas e éticas, fazem com que o jovem negro se afirme e busque na subjetivação as cores, os sabores e os timbres dos universos de referência emancipadores.

Isso tem implicação no próprio processo de aprendizagem. Quando é enaltecida a auto-estima e capacidade dos sujeitos negros, há nos jovens aprendizes uma interiorização dessas potencialidades, construindo-se nos seus universos de significação a possibilidade de serem reconhecidos e aplaudidos como agentes da alma negra.

Por outro lado, o fato destas representações se desdobrarem num espaço ritualizado que fascina - principalmente pelos seus resultados instrumentais - também possibilita aos participantes repensarem a sua própria condição existencial, legitimando, sobremaneira, o processo de aprendizagem pelo lúdico.

Partilhando de um ideal, de um hábito e de uma ideologia, o ser-estar-junto propicia aos educandos signos de reconhecimentos específicos, consolidando, no processo educativo, a reformulação da imagem do sujeito negro.

No domínio dos universos de valor referencial, as representações dos jovens negros parecem romper, de certa forma, com as preocupações e os perigos do cotidiano de um subúrbio pobre. E não há dúvida que esta ruptura com o cotidiano, esse momento apreendido como valor e transformação é um espaço de afirmação e de reconhecimento.

Como já foi dito, isso é denunciado nas falas dos entrevistados que revelam o significado e a importância da participação do processo educativo do Araketu:

> "É melhor do que estar na rua aprendendo coisas ruins. Na percussão a gente se educa. O povo fala bem da gente na rua.
> Aqui [no bloco] a gente aprende, mas não é como na escola. É mais legal. A gente fica mais a vontade. Aprende outros modos, outra educação.

> A gente aprende coisas aqui que a professora não fala na escola. O que eu aprendo na escola é que o negro foi escravo, nos tempos atrás. No bloco o mestre fala que o negro é gente.
> É melhor ficar aqui [no bloco] do que na rua. No bloco nós aprendemos coisas boas (bons modos, a tocar, a fazer amizade). Eu não espero amanhã ser um bom músico, mas saber uma profissão, pois do jeito que está o mundo a gente tem que ter uma profissão. Eu vejo meu irmão procurar emprego aqui e ali e não encontra nada. Quem sabe a música não seja uma solução para mim."

Ou, quando foram questionados sobre o que significava para eles a música que aprendiam a cantar e tocar no bloco em questão:

> "A música representa muito para mim. Tem dia que eu chego aqui e a música me deixa mais alegre. Eu fico brincando e aprendo.
> Chego em casa e fico pensando na música. Tem coisa que eu não entendo, então chego ao bloco e pergunto ao mestre sobre a história daquela música. Quando ele me explica eu sinto que tem a ver com a gente que é negra.
> Acho interessante, pois apesar de falar da África nós somos negros então tem a ver com a gente."

Por sua factualidade e objetividade, a importância da aprendizagem nos momentos da socialidade negra, além de imprimir uma estética própria ao grupo, constrói um espaço onde diferenças sociais e rivalidades são reguladas por regras e convenções coletivas sem explosão de violência. E, em que pese à configuração da festa na concepção maffesoliana estar associada a rituais de violência, a prática dos ensaios educativos da percussão mirim, ou até mesmo os ensaios gerais - preparativos para o carnaval - do Araketu, criam uma platéia de expectadores e freqüentadores do território do bloco que, não pertencendo ao grupo, vai até lá para se divertir e apreciar o espetáculo.

EDUCAÇÃO ESPONTÂNEA

Ao invocar direitos permissivos, o lazer do bloco Araketu, através de atos pedagógicos centrados por aparentes interesses dos educandos e regulados por relações solidárias de ensinar-e-aprender, se reporta a um ethos comunitário que tem como lastro a subjetividade comum e a paixão comunitária.

Nessa ambiência, é gerado um saber capitalizado que faz ressaltar o próprio caráter voluntário da participação dos adolescentes negros à condução de uma prática que, ao contrário da escola e do trabalho, conduz a uma associação da alegria à liberdade.

O fascínio do lazer para as classes populares é devido ao fato dele veicular liberdade e igualdade, possibilitando aos indivíduos congregar-se sem constrangimento, tendo em vista que, no sistema social brasileiro, os princípios de desigualdade e hierarquia ainda regem a nossa sociedade.

Acredita-se que não se pode pensar o lazer da população negra da periferia, bem como a prática pedagógica perseguida pelo Araketu, como uma atividade secundária, marginal ou inconseqüente.

Essa prática está diretamente vinculada ao mundo-negro mediante a construção de mecanismos que refletem os valores de solidariedade e reciprocidade como uma experiência emergente, buscando a todo o momento dialogar com a diversidade cultural via temática étnico-cultural.

É preciso considerar as dificuldades que se apresentam para afirmação desse diálogo no tempo e espaço, mas não se pode ignorar que a experiência emergente do bloco aponta para uma tentativa de inovação pedagógica, via equacionamento do conflito entre a ordem estabelecida e as aspirações não realizadas.

A parte lúdica da socialidade do bloco não pode ser resumida ou integrada a uma estreita finalidade. Além de se constituir um espaço de afirmação e reconhecimento de valor das pessoas envolvidas, configura-se como um processo dinâmico de aprendizagem que possibilita estender o círculo de amizade e a concretização do espírito coletivo.

A preocupação passa a ser que os jovens desenvolvam uma socialidade saudável, sem briga, nem conflitos conduzidos pela violência, peculiares do meio social em que vivem.

Não se deve esquecer que é neste contexto de socialidade que se expressam àss identidades sociais e raciais as quais, em virtude de sua significação cultural, não podem formar-se em relação a si mesmas, mas no confronto com outras identidades a partir do reconhecimento e aceitação da diferença, da alteridade e da igualdade.

É preciso que se diga que a cultura dos grupos étnicos e sociais oprimidos, ao mesmo tempo em que reflete simbolicamente os termos de uma condição social na vida social, parte dela para reconstruí-la sob bases de libertação (BRANDÃO, 1986).

No domínio do significado, a cultura dos negros é um sistema concreto que, através dos processos sociais, distribui-se nas diferentes instâncias simbólicas de realização da vida social.

No domínio da vida social, os sistemas culturais são diferentes, possuindo cada um deles certa lógica interna e uma relativa autonomia, onde o poder de determinação do significado opera diferentemente, fazendo que variem os modos e os "locus" de significação.

A intensificação dos ensaios da percussão mirim do Araketu traça um paralelo entre a cultura, prática pedagógica e a ação política, tendo o mestre um papel fundamental no processo educativo. Mediante um trabalho assistemático, ele, o mestre, procura instrumentalizar no educando tanto um conhecimento aprimorado e gradual das técnicas percussivas quanto à revivência sociocultural que impulsionam a construção da identidade étnica.

O interessante é como, de uma maneira espontânea, a atmosfera cultural do bloco provoca a reorganização de energias

– via uma pedagogia de exercitação – sem, entretanto, institucionalizar hábitos intelectuais fixos, fato este provocador de situações de adaptação a presumíveis situações novas da vida do jovem negro.

Certamente, não é somente a atuação do mestre que possibilita aos jovens a obtenção do entendimento e clareza quanto a suas questões existenciais, porém, ela é um instrumental necessário para se chegar ao patamar da compreensão e da ação. Sabe-se que no mundo de cultura de massa a informação vem através do rádio, da televisão, das redes informais da comunidade, mas o processo educativo da iniciação do jovem no bloco pelo mestre, constitui-se um instrumento social de educação.

Neste sentido, expressa-se o mestre, com referência ao processo de iniciação:

> "Eu começo com o lado musical, tentando educá-los musicalmente para depois, então, vir com a prática. Eu começo pela teoria. Apesar de não ter muita teoria, eu não vim de escola, eu sou músico de ouvido, mas eu estudo, peço informações e procuro passar para eles [educandos].
> Tem muita criança que pensa que música é fazer batucada. Não. Eu procuro desenvolver o lado musical mesmo. Eu não tenho teoria, é muito da minha experiência, pois sei que todo mundo tem um dom. Aí eu procuro saber se a criança tem dom para a música. Eu procuro não forçar, pois sei que isto atrapalha o outro lado (estudo na escola), mas procuro dar um impulso: bata na mão, bata com um ritmo. Não procuro saber se está certo ou errado, pois tem uns instrumentos mais complicados e outros mais fáceis. Eu faço que ela bote para fora a cultura presa."

Deste modo, o ensinar do bloco não é exclusivamente proporcionar a informação, mas é propiciar ao jovem, através de uma situação-problema, desafiar vivências no mundo exterior, as condições de sua existência. Embora o bloco seja espaço místico é também um equipamento coletivo que sobremaneira colabora para dessacralização do individualismo, induzindo a retribalização.

De fato, a relação mestre-educando se traduz numa prática educativa que se pressupõe crítica, na medida em que é construída – e se desenvolve no contexto de suas determinações sociais – e está interessada que os jovens aprendam e se desenvolvam individual e coletivamente.

Para tanto, são criados estímulos nem sempre sistemáticos, mas que se expressam nas práticas cotidianas e na fala do mestre quanto ao significado de ensinar o jovem da percussão mirim:

> "Significa muita coisa. Eu me sinto muito bem quando estou no meio da criançada, pois fico pensando em alguma coisa para ela. Amanhã ou depois o que eles [educandos] poderão ser, caso não tenha ninguém para ajudar no lado da sobrevivência deles? Essas crianças têm que ter alguma coisa."

Ou, em relação aos critérios para entrada do jovem na percussão mirim:

> "Ele tem que estar estudando, tem que ter a educação formal. Que não venha de malandragem, que seja de família, para não atrapalhar no trabalho dos outros. Às vezes é uma criança que tem vícios, então vai querer induzir o restante da criançada. Se não estiver estudando, a diretoria imediatamente dará uma força para que a pessoa volte a estudar. Se nunca estudou que passe a estudar. Se estudou e parou que volte a escola."

No geral, percebe-se que esses estímulos colocam, na ordem do saber e da aprendizagem, a integração dinâmica do conhecimento, mediante o desenvolvimento de convicções sociais, políticas e afetivas, bem como o desenvolvimento da capacidade e as estratégias do modo de viver dos jovens negros.

Assim, expressam os educandos quando perguntados sobre a diferença entre o que aprende no bloco e na escola:

> "Na escola a gente aprende a ler e escrever, mas no bloco é bem mais legal. Aprendem-se outras coisas como tocar, cantar músicas e as coisas da África. É mais fácil aprender no bloco.
> Lá [na escola] se aprende só ler e escrever. É certo se não fosse a escola eu não alcançaria um nível bem mais elevado, porém, no bloco a gente aprende as coisas da vida.
> No bloco a gente aprende a tocar, a dançar, a ter responsabilidade e até namorar. Aqui (bloco) se aprende a conviver com os colegas, aprende a ter mais amizade e a ser mais educado.
> Na escola eu aprendo só que no bloco se ensina coisas boas para que depois eu possa ter um futuro melhor."

Ao lado da necessidade de se conceber a tarefa do ensino como reprodução de formas acumuladas de saber constituído de inteligência e hábitos socialmente legitimados na conduta das gerações, não se pode relegar a compreensão do universo da cultura que o educando habita.

Todos os agenciamentos contêm focos enunciativos, que fazem constituir um território existencial baseado numa constelação de referências culturais negra. O alcance desses referenciais constituídos se expressam nos recursos metodológicos, feitos pelo mestre no uso da técnica da oralidade. No geral, tudo que é aprendido pelos jovens negros nada é escrito fato este que importa numa aproximação do educando a uma assimilação receptiva através da exercitação.

O ensaio da percussão mirim no geral, transcorre num clima de sensação de composição encarnada que transmuda, germina e se transfigura. A começar pela arrumação dos instrumentos, conforme a orientação do mestre, a relação com o outro é vista no desejo de aprender remetido a territórios existenciais os quais ao mesmo tempo é corpo próprio, rostos familiares, narrativa étnica e afetos estéticos.

Um grito, um bater com a palma da mão, um balbuciar inicia o tocar dos instrumentos. O mestre identifica um educando e pede para ele tocar o seu instrumento, indo, aos poucos, corrigindo uma heterogeneidade de componentes verbais, corporais e espaciais. Em seguida, se assoma de um instrumento e começa a tocar, solicitando aos presentes que o acompanhem, instruindo os educandos para tocar alto e baixo na cadência e sintonia musical. O interessante é que algo se incorpora, se absorve, se digere, a partir do que novas linhas de sentido se esboçam e se alongam.

O mestre sempre atento ao tom e ao ouvido do aprendiz também cristaliza os sinais e convenções criados e desenvolvidos coletivamente que os ajudem na aprendizagem. Mantendo-os unidos nesse mergulho sensível, com grande facilidade multiplica os manejos das mãos, de toques altos e baixos. Logo, em seguida, para a percussão, pede para recomeçar acentuando a importância dos toques, sinais e símbolos para a execução de porradas no couro.

Essa irrupção adquire uma consistência relativa, na condição de inscrever numa memória de ser e se posiciona, em relação aos eixos de ordenação, a referência. Torna-se impressionante a concentração, atenção e contentamento dos educandos, procurando todos a sintonia e bom desempenho no ensaio.

O movimento de virtualidade é acompanhado por pedidos do mestre para recomeçar a tocar e a cada sinal como levantar e fechar os braços há um repique ou um toque mais forte. O interessante é que os educandos seguem os sinais e os decodificam nos instrumentos.

O momento portador de mistério é quando o mestre pede para fechar o ensaio com um novo toque pedindo aos jovens para se ligarem, como se entre eles afluísse um acordo secreto.

Quando se perguntou ao mestre sobre o fato de tudo que é aprendido no fazer, nada é escrito, assim explicou:

> "É a cultura presa. Eu também aprendi sem nada ser escrito. Você nasce com uma coisa dentro de você e se ela não sai é porque não acha ninguém que incentive. O que eu faço é impulsionar para que eles [educandos] botem para fora o que eles têm dentro.
> Eu não escrevo nada de música, mas eu toco – três, quatro – e aí eu jogo em cima do meu instrumento, faço a condução e levo o ritmo."

Também, os jovens, assim se expressaram:

> "O mestre ensina e discute os sinais e toques. Quando entra o repique, o treme-terra a gente já sabe. É fácil aprender, pois eu gosto de música. Fico emocionado quando aprendo, quando estou ensaiando na percussão mirim.
> É só prestar atenção. A gente olha o mestre e põe sentido no ouvido também. Aí se aprende com facilidade.
> Não é como na escola que a gente leva o dever para casa. A gente aprende no próprio ensaio. É bem mais legal, pois se fica mais à vontade para aprender. É música, é uma coisa que eu gosto. Ela me emociona, eu me sinto bem aprendendo, mesmo sem ler nada.
> O mestre faz a primeira vez e quando não consigo gravar os outros meninos passam depois para mim. Depois eu ensaio com eles até aprender os toques e sinais."

É importante ressaltar que, em nenhum momento, o comportamento do mestre, apesar de disciplinador, é autoritário.

O que se viu foi uma prática dialógica - discussão com os educandos e acatamento das sugestões destes.

Ao serem confrontados os discursos, as ações e orientações dos informantes, caminham para um fim arbitrariamente fixado sem, entretanto, esgotarem-se em si mesmos. Não há como esconder que a aprendizagem da forma lúdica do bloco Araketu viabilize um modo de atingir adolescentes e crianças mediante um projeto de educação informal que, de certa forma, questiona as estruturas rígidas da escola, seu currículo e sua hierarquia de autoridade.

É preciso avaliar ou pelo menos indicar a importância de que se revestem os indícios acima referidos.

Com efeito, essa educação informal do bloco em muitos aspectos serve de contraponto á escola na medida em que o ensinado está além das diversas racionalizações e legitimações que se operam no ensino formal. A começar o vínculo da criança com o processo de aprendizagem é voluntária, a freqüência não é imposta e obrigatória e nem há testes ou provas para promoção. O jovem vem quando quer, pelo prazer de vir.

Quando perguntado sobre o controle da assiduidade dos meninos que freqüentam a percussão mirim, assim se reportou o mestre:

> "Eu faço uma coisa bem disponível. Eles não sofrem nenhuma represália. Eles sabem do ensaio e no dia que não podem vir me avisam. Eu quero é que eles se sintam bem com o trabalho [aprendizagem]. Eles se sentindo bem, para mim é um prêmio."

Quanto ao controle da disciplina:

> "Eu controlo, mas não é fácil não. Tem meninos muito levados da breca. Eu reclamo, às vezes sou duro com eles. Mas, não é para eles ter medo, é para que entendam com mais facilidade. O ser humano é para ser tratado bem."

Em oposição ao que habitualmente se admite na escola, no bloco, além de se trabalhar de uma maneira singular – texto e contexto moldados por afetos e sentimentos bem definidos –, o processo de aprendizagem não impõe saberes que não digam respeito aos educandos.

A lógica do dever-ser, nesse contexto, é a prática do conhecimento instituída na trilha existencial que cada um traz consigo e pela qual os sujeitos se desenvolvem. Assim, ao assimilar o conhecimento musical-percussivo e da dança, os educandos assimilam métodos e visões do mundo que lhes são incorporados, tornando este conhecimento seu, fato este possibilitador de desenvolvimento das capacidades cognoscitivas.

Quando foi perguntado, aos entrevistados, o valor que a dança que aprendia no bloco representava para eles, assim se expressaram:

> "Tem muito valor. Às vezes eu vou à festa do bloco e de Santo [terreiro] e vejo as pessoas dançando. Chego em casa e treino e vou pegando os passos. Eu penso que essa dança é coisa de negro mesmo. Os brancos aprendem, mas não é como nós, pois a música e a dança fazem parte da gente.
>
> A dança ensina muito o folião do bloco. Se ele vai para o ensaio ou para avenida e fica de braços cruzados é melhor não ir. Eu aprendi a dançar aqui no Araketu criando um ritmo com as outras pessoas. O cara que é negro tem que ter um balanço no corpo para poder se alegrar um pouco, tirar a tristeza da cabeça e cair na real.
>
> A partir do momento que você aprende a tocar e cantar é impossível ficar parado. O mestre da percussão mirim falou que os africanos dançam um pouco diferente da gente. Mas a dança é importante, pois se identifica com o bloco. A gente aqui

[bloco] perde a vergonha de dançar quando vê um monte de gente dançando sem estar preocupada em nos olhar.

Ou, no que se refere aos ritmos aprendidos:

> "A importância é que eles permitem [percussão, dança, música} a gente estar junto.
> Apesar de hoje ser uma coisa dos tempos modernos, o ritmo aprendido tem a ver com os nossos avós e até com meus pais, pois é parecido com o que a gente aprende do terreiro, nas festas de santo."

Sem querer estabelecer uma dicotomia intransponível entre escola e bloco, pois em todas as falas dos educandos, a escola é altamente valorizada e, em nenhum momento, a aprendizagem do bloco foi colocada como se opondo à escola, nem como alternativa a ela, a análise feita por Luckesi (1990) – de que, enquanto o educando adquire conhecimentos, habilidades e hábitos, pode estar, também, desenvolvendo convicções morais, sociais e políticas – é significativa. Isso leva a inferir que a assimilação e acumulação dos conteúdos sócio-culturais pelos jovens do Araketu, criam as condições para que eles ganhem suporte para garantir avanços dos referenciais africanos e existenciais.

Não resta dúvida que a falta de oportunidades educacionais, a exclusão, a repetência, o baixo nível de escolarização não deixam alternativas ao subemprego ou trabalho não especializado, mas no imaginário do jovem negro aparecem alternativas variadas. É fundamental encontrar uma saída para o ser trabalhador braçal, subempregado e pobre, revelando assim o investimento na aprendizagem percussiva para além do mero entretenimento.

É certamente em função de buscar uma forma de escapar a esse destino de proletário, excluído e marginalizado que o jovem negro busca na aprendizagem informal o que não encontra na escola, a qual exige a construção de um aprendizado muito mais lento, além de ineficiente, porque é escasso.

Queira-se ou não, estabelece-se ou consolida-se a capacidade de mobilização do lúdico, mediante o sonho de ascensão social através da música, da percussão da dança que tanto envolve os jovens negros e pobres.

E esse projeto individual de ascensão social complexifica-se à medida que a própria identificação com o mestre e outros profissionais da Banda Araketu coloca outras possibilidades: a de se tornar um grande percussionista ou até mesmo fundar um bloco-afro.

Isto posto, fica evidente que se falta estímulo na escola para os jovens negros, uma vez que ela recrimina, inculca valores etnocêntricos e exclui, a atividade lúdica no bloco imprime reconhecimento dessa sociedade que o rejeita e realização do sonho de se conseguir fama e dinheiro.

Além do mais, tocar e dançar são atividades prazerosas. Elas não dicotomizam desempenho de criatividade, ao contrário das atividades estafantes do dia-a-dia do trabalho ou da escola.

Quase todos entrevistados estão estudando, por exigência do bloco que coloca como pré-condição para participação na percussão mirim, porém, para os entrevistados a escola não os ajuda a serem livres dos estereótipos, dos preconceitos e nem os ensina como devem agir na transformação do mundo em que vivem.

A escola, não iniciando os alunos a obterem um compromisso ativo e possível de imediata solidariedade, coíbe sobremaneira a descoberta da diferença com a realidade presente, não ajudando aos jovens negros a se libertarem das estruturas repressivas da sociedade atual e não lhes orientando como desenvolver um espírito crítico capaz de interpretar o sentido dos fatos que os cercam.

Seja como for, não é supreendente que a estrutura de reprodução de modos de saber do bloco Araketu, que se apresenta como um conjunto de conhecimento fragmentado de ritos e de rituais, na verdade comporta uma ativa estrutura de produção simbólica que faz circular entre os integrantes seus trabalhos culturais, tornando-os produtivos e significativos.

E ainda que isso pareça evidente, a atmosfera cultural do bloco condiciona um processo sistemático de provocações que constituem um instrumento social de educação.

Em oposição ao que habitualmente se admite quanto à escola, no contexto social vivido do Araketu, não se poderia dizer que há uma aprendizagem intencional, considerando que o mestre ao trabalhar no bloco os conteúdos socioculturais não objetivam oferecer ao educando as condições efetivas de uma aprendizagem metodicamente estruturada, porém, procura preservar sobremaneira uma forma de aprendizagem espontânea e informal nas múltiplas situações de vivência do cotidiano.

A impressão que se tem é a de que em qualquer momento da aprendizagem, o mestre encontra-se ajudando as crianças a descobrirem que estão criando cultura, recorrendo ele a uma estratégia eficaz que faz os educandos verem a realidade e a expressarem, revelando-a a si mesmos.

O que se passa e aflora dentro do bloco vem do próprio meio ambiente em que os educandos se desenvolvem, mostrando que não é só a didática responsável pela aprendizagem dos participantes da percussão mirim, mas os recursos usados pelo mestre, os métodos que utiliza, a pedagogia que aplica, que são os verdadeiros responsáveis pelo crescimento do aprendiz.

Entretanto, é preciso que se diga que a legitimação desta eficácia traduz uma intencionalidade na medida em que viabiliza mecanismos de transmissão de conteúdos socioculturais que estimulam a assimilação ativa dos conhecimentos por parte do educando, como o desenvolvimento de suas estruturas cognitivas. Não resta dúvida que as conseqüências da interação cotidiana social na coordenação de ações entre os educandos favorecem as operações cognitivas com ótimos resultados.

É justamente porque representa desafios que a assimilação dos conteúdos intelectuais torna-se objeto de inteligência. A assimilação reprodutiva cria as condições para que os jovens negros ganhem força para garantir um avanço cultural, possibilitando a efetiva aprendizagem, isto é, uma aquisição nova por parte dos educandos.

Ao longo da vivência no bloco foi possível observar o significado do papel do mestre no processo de assimilação dos conteúdos sócio-culturais e as ações para que a aprendizagem percussiva se efetivasse. Exercendo sua prática através de uma linguagem sedimentada em valores e costumes, que vão da valorização da experiência, valorização do coletivo e da pessoa até da simplicidade e autenticidade dos sentimentos e idéias, os jovens negros, provenientes das classes populares, não se sentiam estranhos, expostos ao estigma da inferioridade e sim livres para aprenderem aquilo a que mais se adaptavam.

Nessa valorização, há a preocupação com o desenvolvimento interno das capacidades cognoscitivas mediante a exercitação do educando, privilegiando a criatividade e fazendo as crianças entenderem que estão criando cultura.

O conhecimento pela experiência encontra, nas palavras do mestre, a sua expressão. Quando perguntado sobre os critérios para definir qual instrumento uma criança inicia na percussão, assim ele se define:

> "Eu coloco eles para tocar todos. Toque aquele, toque esse. Aí, eu fico observando. Se não deu certo eu passo para outro.
> Eles se avizinham, olham, pegam e passam de um instrumento para outro, até chegar àquele que eles se adaptam. Tem uns que já chegam olhando e dizem, puxa mestre eu gostei mais daquele ali, eu vou tocar aquele ali. Com o tempo, eu passo ele para outro instrumento e aí facilita a aprendizagem."

A média para aprender a tocar um instrumento, entre os jovens negros da percussão mirim, é de dois dias, começando, nos dizeres dos educandos, pelos mais fáceis: chocalho, treme-terra, agôgô.

No geral, a base percussiva mirim do Araketu se compõe de um repique que serve para o contratempo, (que dá o suingue), a caixa (que segue o ritmo, atua como se tivesse executado uma marcha-samba), o agôgô (atua no contratempo, imprimindo maior brilho na execução). Já o treme-terra (é um tambor maior que a marcação, com som grave, faz o som dobrado do ritmo), a marcação (espécie de tambor, serve para marcar o ritmo, é o coração da percussão) e o tamborim (dá marcação, soergue, dando um colorido no contratempo). Por fim, o apito (determina a mudança de ritmo dos percussionistas, é a batuta do mestre curtindo sinais para os seus músicos).

Nesta perspectiva, a avaliação dos resultados da aprendizagem dos educandos por parte do mestre, bem como daquilo sobre o que incide, remete a valores que são consolidados no grupo. Fazendo parte de um ritual festivo, ela traduz sobremaneira o corpo em expansão, isto é, a tradução de um contexto com uma grande carga emocional e um vínculo de simpatia que une cada indivíduo ao invés de desagregá-lo. Assim, aponta para que o jovem negro aprenda e se desenvolva decretando a potência do dever-ser e de como pode atingir tal ou qual fim.

Ao comentar sobre como acompanha e avalia a aprendizagem dos jovens que participam da percussão mirim, assim se expressou:

> "A maioria deles é daqui [Periperi]. A gente está sempre se encontrando. Estão sempre comigo. Eu avalio pelo seguinte: tem meninos que moram na mesma rua que eu e estamos sempre juntos. Eu tanto os acompanho na rua como no bloco.
> Na percussão eu tenho facilidade de avaliar porque sei tocar todos os instrumentos. Aí eu vejo se estão afinados ou não. Eu fico olhando se um menino está tocando bem, comparo com outros que estão tocando há mais tempo, então começo a passar para instrumentos mais difíceis. Aqueles que têm maior dificuldade eu acompanho mais de perto, com atenção e carinho, até eles aprenderem.
> Às vezes, eu faço um ensaio em separado com aqueles que estão com dificuldades para que possam se desenvolver."

Ao enunciar o que define e o que acontece no interior de uma prática avaliativa, há uma demonstração do mestre, apesar de não dita, que pode existir uma dimensão específica de ação educativa que privilegia a exercitação onde o educando apresenta sua cultura adquirida, podendo tornar-se autônomo, auto-suficiente, independente.

Ao invés de formular provas e testes ou outro mecanismo qualquer, o que se toma como critério avaliativo é a inventividade composta de uma bagagem cultural assimilada e fundada em dados da realidade dos jovens negros.

CONCLUSÃO

A concentração de um grande número de africanos na Bahia permitiu a recriação de umsa rede cultural e institucional enraizada nas tradições étnicas africanas, mas readaptadas ao contexto da escravidão e reafirmada, hoje, no sistema capitalista de produção.

Assim, a existência de formas embrionárias de educação no interior da vida e da cultura cotidiana de associações negras, em Salvador, demonstra a passagem de experiências e transferências de saber e de participação popular a partir do lazer.

Na busca de novos focos enunciativos, a máquina estética do Araketu, através dos saberes de uma festa, propõe um modelo de recriação do mundo negro, incrustando nas trincheiras do cultural, núcleos de resistência que equacionam a questão do racismo para o verdadeiro reconhecimento do outro. Desta forma, o conhecimento produzido faz passar de um discurso interior e de presença, para formas radicalmente mutantes de subjetividade, que acolhem, como essencial, a experiência de vida, de dor, de desejo.

A forma do trabalho educativo desenvolvido pelo Araketu identifica, à margem do institucionalizado e consagrado pela educação formal, que na realidade existem momentos e situações de idéias e práticas pedagógicas que podem reverter relações de compromissos entre mestre e educando e alterar a reprodução da desigualdade do saber e da cultura.

O contexto estetizado de aprendizagem do bloco conduz a universos de valor, a um reencantamento dos jovens negros onde o mestre os auxilia a ler e a escrever a sua própria história, fortalecendo a identidade étnica e social, dimensionando a que termos essa identidade pode ser entendida.

Tal como outras práticas sociais, as da educação existem no interior de um campo de relações de idéias, forças e interesses que as constituem. Na interpretação do trabalho educativo do bloco e da modalidade pedagógica do mestre da percussão mirim, há, sobremaneira, uma preocupação com a ampliação dos contatos sociais e com o fortalecimento de laços de solidariedade entre os participantes, como elementos significativos para a produção e amadurecimento da identidade étnica.

Por outro lado, a reatualização africana sob formas múltiplas e heterogêneas, ao operacionalizar modalidades performáticas do bloco – a poesia, a música, a dança, a gestualidade – possibilita deduzir múltiplas conseqüências através da composição estética que aglomera o eu e o outro, o sujeito e o objeto, o material e o transcendental.

A heterogeneidade dos componentes verbais, corporais e espaciais, possibilita aos participantes do bloco entrelaçar representações coletivas - narrativa étnica, rituais e representações religiosas africanas - com o desejo apreendido num território existencial que é, ao mesmo tempo corpo próprio, espaço vivido.

Esses traços atomizam universos de valor da ordem do belo, do religioso, do poder, da consciência étnica e, tal setorização, encontra-se incrustada na apreensão cognitiva que os jovens negros têm da sua realidade.

Levando em consideração que a relação fundamental da cultura é o reconhecimento entre os sujeitos produtores e beneficiários da totalidade da cultura, o mestre, à maneira dele, ensina aos educandos a desafiar adequada e gradualmente a possibilidade de domínio de pessoas uma sobre as outras, contribuindo para que os educandos se afirmem como um ser de consciência, um sujeito que habita, de modo único ao mesmo tempo, a sociedade e a história.

Desse modo, isto evidencia como não é a educação que se ocupa do conhecimento, ele nasce e se desenvolve na medida em que as pessoas pensam e refletem sobre a experiência vivida em suas práticas.

O que a educação assistemática do Araketu mostra é algo que tem a ver com um novo saber, no interior de uma outra cultura cujo domínio de idéias, de valores e de práticas são condições de sua própria dinâmica e da existência. E que o ensinamento estético entre mestre e educando sugere uma capacidade de invenção de coordenadas, de engendramento de qualidades de ser numa aptidão de criação para se autoafirmar como fonte existencial.

Neste âmbito, a oralidade significa descobrir a palavra, aprender a dizê-la. É a retomada em tempo real da emergência da relação sujeito-objeto e parece ser a alavanca essencial de resingularização subjetiva gerando outros modos de sentir o mundo, uma nova face das coisas e, ao mesmo tempo, um rumo diferente dos acontecimentos existenciais. E assim sendo, implica sempre o processo educativo na promoção de agenciamentos enunciativos e na possibilidade de uma alteridade.

É essencial precisar que, no programa de aprendizagem da percussão mirim, o mestre coloca em ação uma forma escolhida por ele para os educandos. Entretanto, o educando pode percorrê-la tomando iniciativa na aprendizagem, construindo, entendendo o erro como uma coisa admissível e um mecanismo de aprendizagem.

Na verdade, o mestre busca as condições de atividade cognitiva nas próprias características do conhecimento musical do educando, através de um método de desenvolvimento no plano de cada participante, não separado da matriz cultural negra, através da revivência da ancestralidade, da imitação da informação, da história.

Enfim, o trabalho educativo do bloco apóia-se nos conteúdos socioculturais que a "cultura negra" elabora, deixando os educandos assimilarem esses conteúdos com os meios de que dispõem e que os transformam; sendo que a aquisição do conhecimento se processa pela conquista dos objetos concretos, simbólicos, naturais ou culturais contidos nas obras herdadas do passado e vivenciadas no presente.

E, por sua atividade, os jovens negros que participam da percussão mirim, organizam, reconstroem, transformam o seu saber, mediante interação social com o mundo, pela exploração dos efeitos estruturantes dos conteúdos socioculturais, implicando essa ação na inter-estruturação de condutas e representações.

REFERÊNCIAS

AGIER, Michel. *Novos Status e Outros Novos Negros: questões de identidade entre trabalhadores baianos*. Salvador: UFBA, Centro de Recursos Humanos, Série Toque, Doc. n. 1, maio 1992.

BACELAR, Jeferson. *Etnicidade. Ser Negro em Salvador*. Salvador: Ianamá, Programa de Estudos do Negro na Bahia, 1989.

BACELAR, Jeferson. *Gingas e Nós: o jogo do lazer na Bahia*. Salvador: Fundação Casa de Jorge Amado, 1991.

BAIRROS, Luiza, BARRETO, Vanda Sá, CASTRO, Nadya. *Negros e Brancos num Mercado de Trabalho em Mudança*. Salvador: UFBA, Centro de Recursos Humanos, Série Toques, Doc. n. 4, jun. 1992.

BRITO, Ieda Maria. *Samba na Cidade de São Paulo (1900-1930): contribuição ao estudo da resistência e da repressão cultural*. 1981. Dissertação de Mestrado – FFCH, Universidade de São Paulo, 1981.

DA MATTA, Roberto. *Carnavais, Malandros e Heróis: para um sociologiado dilema brasileiro*. Rio de Janeiro: Zahar Editores, 1979.

GÓES, Zéu. *Material de Entrevista no Bloco Araketu*. Salvador, julho 1993. Entrevista concedida a Elias Lins Guimarães.

IANNI, Otávio. *As Metamorfoses do Escravo*. São Paulo: Digel, 1962.

JESUS, Ericivaldo Veiga. *Bloco-afro Muzenza: "Clareza da vida" e "Vôo da Imaginação" (Estudo antropológico de blocos-afro do carnaval baiano)*. 1991. Dissertação de Mestrado em Ciências Sociais – FFCH, Universidade Federal da Bahia, 1991.

LACERDA, Vera. *Material de Entrevista do Bloco Araketu*. Salvador, julho 1993. Entrevista concedida a Elias Lins Guimarães.

LEOPOLDI, José Sávio. *Escola de Samba: ritual e sociedade*. Petrópolis: Editora Vozes, 1977.

LUCKESI, Cipriano Carlos. *Prática Docente e Avaliação*. Rio de Janeiro: ABT, Série Estudos e Pesquisa, n. 44, 1990.

MAFFESOLI, Michel. *Dinâmica da Violência*. São Paulo: Editora Revista dos Tribunais, 1987.

MAFFESOLI, Michel. *O tempo das Tribos; o declínio do individualismo nas sociedades de massa*. Rio de Janeiro: Forense Universitária, 1987.

MAGNANI, José Guilherme Cantor. *Festa no Pedaço*. Cultura e lazer na cidade. São Paulo: Editora Brasiliense, 1984.

MORALES, Ana Maria. *Etnicidade e Mobilização Cultural em Salvador*. 1990. Dissertação de Mestrado – Faculdade de Ciências Sociais, FFCH, Universidade Federal da Bahia, 1990.

OLIVEIRA, Francisco. *O Elo Perdido*. Classe e Identidade de Classe. São Paulo: Editora Brasiliense, 1987.

ORTIZ, Renato. *Cultura Brasileira e Identidade Nacional*. São Paulo: Brasiliense, 1985.

PEREIRA, João Batista Borges. *A Folclorização da Cultura Negra no Brasil*. In: Eurípedes Simões de Paula. In Memorian. São Paulo: FFLCH – USP, 1983.

RIBEIRO, Ana Maria Rodrigues. *Samba Negro, Espoliação Branca*. São Paulo: Editora Ancitec, 1984.

RISÉRIO, Antônio. *Carnaval Ijexá; notas sobre afoxés e blocos no novo carnaval afro baiano*. Salvador, Currupio, 1981.

SILVA, Carlos Benedito Rodrigues. *"Black Soul": aglutinação espontânea ou identidade étnica – Uma contribuição ao estudo das manifestações culturais no meio negro*. ANPOCS, *Ciências Sociais Hoje*, Brasília, v. 2, 1983.

SODRÉ, Muniz. *O Terreiro e a Cidade – a forma social negro-brasileira*. Petrópolis: Vozes, 1988.

ZALUAR, Alba. *O Esporte na Educação e na Política Pública*. *Educação e Sociedade*. CEDES, Campinas, SP, ano XII, n. 38, abr. 1991.

MOVIMENTO NEGRO CONTEMPORÂNEO EM SALVADOR: Algumas memórias[1]

Joseania Miranda Freitas[2]

RESUMO

Este texto apresenta uma síntese da história do Movimento Negro contemporâneo referente aos anos 1970 e 1980, elaborado a partir dos depoimentos de militantes no ano de 1994. Apresenta ainda a diversidade de entidades que foram criadas por jovens, num momento de demarcação de um processo específico de construção de identidade negra, no sentido de luta e resistência contra a situação que este segmento vive na sociedade brasileira.

Palavras-chave: movimento negro; memória afro-brasileira.

INTRODUÇÃO

O Movimento Negro está organizado em entidades, diversas entre si, com estratégias específicas de ação, política ou cultural, tendo um eixo comum: o combate ao racismo em

---

[1] Texto elaborado a partir da dissertação de Mestrado em Educação – *Museu do Ilê Aiyê: um espaço de memória e etnicidade.* Banca Examinadora: Prof. Dr. Rogério Cunha Campos (Orientador), Dra. Maria de Lourdes Siqueira (Co-orientadora) e Dra. Maria Célia Teixeira Moura Santos.

[2] Professora do Departamento de Museologia e do Programa de Pós-Graduação em Educação (UFBA).

todas as suas instâncias. Com relação às organizações político-culturais, a cidade do Salvador foi sempre palco de movimentos e lutas pela liberdade dos africanos escravizados no período colonial, assim como de continuidade da luta por seus descendentes. Depois da experiência da Frente Negra Brasileira dos anos 1930, as manifestações e lutas contra o racismo, relativas ao Movimento Negro organizado, persistiram em menor grau, porém as questões étnicas permanecem presentes no cotidiano da cidade e ressurgem de forma organizada em instituições a partir dos anos 1970, momento marcado por lutas e reivindicações não só no plano político e econômico, mas também por afirmação de identidade social e cultural.

O ser negro, para o Movimento Negro, constitui-se nas marcas de um processo de construção coletiva de identidades individuais e sociais, através de discursos e ações que revelam a afirmação de uma identidade étnica, fundamentada na constante elaboração e reelaboração de um referencial de ancestralidade africana. Este processo de construção de identidade é, eminentemente, educativo, com o propósito específico de formar indivíduos e grupos que lutem pela garantia das condições vitais de sobrevivência.

A militância, sobretudo nos anos 1970, buscou o aprofundamento das questões raciais através da formação de grupos de estudo. Esses jovens militantes comprometiam os seus finais de semana com leituras sobre os diversos movimentos de libertação das colônias africanas e sobre o Movimento Negro Americano, eles possuíam uma base de estudos de Política, Economia, Sociologia e Educação, como mostram os depoimentos que se seguem:

> "[...] detectamos que o fenômeno do preconceito racial e do racismo é transmitido pelo processo educacional, ou seja, o processo educacional na nossa concepção não se restringia só à escola, envolve a família, os meios de comunicação e a própria comunidade." (Manoel de Almeida, depoimento à autora, jul. 1994).

> [...] uma vitória do Movimento Negro, não foi ter ensinado isso aos negros, a ter consciência, foi também ter despertado no branco essa consciência de que o país é negro, de que aqui o negro teve seu papel fundamental para poder criar a riqueza do país, para que este pudesse existir." (Luíza Júnior, depoimento à autora, out. 1994).

Na vivência dessas experiências alguns jovens destacaram-se na formação de um corpo teórico fora da Universidade, sendo os seus estudos e atividades reconhecidos quando da criação do Conselho Regional de Sociologia:

> "[...] Começamos a afirmar que nós éramos intelectuais orgânicos no sentido Gramsciano, que nós tínhamos uma consciência própria, uma formulação própria e que teoricamente nós estávamos capacitados a formular nossas próprias teorias, essa batalha ideológica nós conseguimos vencer. Hoje, torcendo o nariz ou não, eles nos respeitam, muitas vezes nós conquistamos isso de maneira autodidata. Os nossos quadros intelectuais mais competentes conseguiram fazer isso sem se submeter às regras do jogo que eles tinham determinado dentro da Universidade." (Lino de Almeida, depoimento à autora, nov., 1994).

> "[...] Engraçado é que no meio desse povo tem muito autodidata [...] é muito interessante isso, porque num país onde você tem uma educação tão estúpida, tão falida quanto a nossa, não tem nada de mais interessante, que demonstre mais orgulho do que alguém dizer que sabe e não passou pela escola, a ponto de conhecer línguas, de conhecer a história do seu país, a ponto de conhecer um pouco de Sociologia sem passar pela escola [...] esse movimento se constituiu também em espaço

> cultural, que proporcionou um aprendizado muito especial, uma escola mesmo para a maioria das pessoas e desenvolveu muito esse lado, esse pique da pesquisa autodidata." (Antônio Godi, depoimento à autora, nov., 1994).

Mesmo que, para os iniciantes, estes militantes não tivessem uma linguagem que fosse acessível, existia a identificação na luta contra o preconceito racial, por isso os novatos, geralmente, continuavam na militância:

> "Confesso que naquele momento, a primeira impressão que eu tive daquelas discussões é que eu não conseguia compreender. Achava uma coisa muito complexa, as palavras, as frases, [...] mas, eu tinha um sentimento de que aquilo ali era onde eu tinha que ficar, porque os brancos falavam difícil, mas eu não compreendia [...] O fato de não compreender me distanciava mais ainda dessa forma de entender, quer dizer, de participar dos movimentos onde eles lideravam. E ali tinha negros falando coisas complicadas também, mas eram pessoas negras que eu me identificava muito com estas pessoas." (Luiz Alberto dos Santos, depoimento à autora, maio 1994).

A partir da criação de grupos do Movimento Negro, a preocupação maior desses jovens estava centrada no entendimento de que o fenômeno do racismo acontece no cotidiano do negro, eles compreendiam que "a realidade da vida cotidiana contém esquemas tipificadores em termos dos quais os outros são apreendidos, sendo estabelecidos os modos como 'lidamos' com eles nos encontros face a face" (BERGER e LUCKMANN, 1994, p. 49). No face a face, tomaram conhecimento da existência do racismo, nas suas formas explícitas e, principalmente, nas formas sutis. Neste processo, aprenderam também a criar mecanismos de denúncia e enfrentamento da questão. A importância da criação de grupos do Movimento Negro está na busca e compreensão de que os sujeitos são autores de sua história.

PRINCIPAIS ENTIDADES NEGRAS CRIADAS NOS ANOS 1970

Em agosto de 1974, foi criado o Núcleo Cultural Afro-Brasileiro numa iniciativa de jovens negros que se interessavam pelo estudo da questão racial no Brasil:

> [...] tendo como pesquisador o próprio negro, não o negro como objeto [...], nós tínhamos uma certa cautela, um certo cuidado para não sermos perseguidos pela ditadura que foi implantada pelo golpe militar em 1964 aqui no Brasil. E, paradoxalmente, por incrível que pareça, o espaço que nos acolheu foi o Instituto Cultural Brasil-Alemanha. E as pessoas achavam até uma coisa estranha, como um instituto alemão acolheu um grupo de estudantes negros para refletir sobre a cultura do negro, sobre a realidade existencial do negro na sociedade brasileira." (Manoel de Almeida, depoimento à autora, jul. 1994).

Em 1994, quando realizamos essa pesquisa, as atividades do Núcleo estavam voltadas para a produção da Bienal Internacional de Cultura e Arte Negra. Seus membros estavam também envolvidos com outras entidades de maior penetração na sociedade, como o caso do Prof. Manoel de Almeida Cruz, que estava à frente do projeto pedagógico de Educação Interétnica do Grupo Cultural Olodum.

Nos anos 1970, a participação do negro no carnaval baiano era marcada pela presença de Afoxés, Blocos de Índios e Escolas de Samba, que, segundo Laclau (1991) e Morales (1991), já demonstravam a utilização de costumes e crenças afro-brasileiras.

O Afoxé Filhos de Gandhi, fundado em 1949 por trabalhadores da estiva, caracterizava-se como uma agremiação de negros sindicalistas que se identificavam com o candomblé, pregando a paz social, "[...] evidenciando a superioridade moral do oprimido frente ao opressor" (MORALES, 1991, p. 78). Nos anos 1970, encontrava-se em "[...] refluxo, talvez porque sua composição majoritária fosse de estivadores já não tão jovens [...]" (MOURA, 1987, p. 11). Os blocos de índios, formados na sua maioria por jovens negros e mestiços, embora fantasiados como índios americanos, abordavam temas negros e indígenas brasileiros, tendo como pano de fundo "[...] a força latente do samba, símbolo maior da continuidade cultural negra no Brasil" (GODI, 1991 p. 62). Esses grupos eram perseguidos e sofriam forte repressão policial. Quanto às Escolas de Samba, de modelo carioca, não atraiam grande público.

Nesse contexto, em 1974, um grupo de jovens que conviviam no bairro da Liberdade e adjacências formaram a Zorra Produções, onde organizavam passeios, campeonatos de futebol e festas. Esse grupo, nascido num Terreiro de Candomblé, influenciado também pelo Movimento Negro Americano e pelos processos de independência das colônias africanas, transformou o "Black" americano em afro brasileiro, criando o Bloco Afro Ilê Aiyê, nome de origem iorubá, Ilê – literalmente significa casa, e Aiyê – mundo. Na simbologia do grupo, o nome é compreendido como nossa casa, casa de negros, incorporado no imaginário do bloco como Mundo Negro – também chamado de Senzala do Barro Preto.

Estes jovens, investidos de um discurso eminentemente político contra a discriminação racial, saem às ruas no carnaval de 1975, com o propósito de apresentar a cultura negra de origem africana, afirmando-a através da língua iorubá (utilizada no candomblé), vestes, adereços e ritmos africanos, fazendo política e cultura no carnaval: "[...] política de 'mostrar o que é ser negro' e 'transformar neguinho em negão'. Cultura? a da Senzala, que a Casa Grande diz que não tem." (*Ilê Aiyê*, 1994, p. 7).

O processo de construção de uma identidade, explicitamente negra, individual e coletiva, impulsionado por este grupo, encontra ressonância na comunidade de maioria negra do bairro da Liberdade, funcionando como ponto de referência para abrigar suas tensões, desejos, paixões, anseios, subjetividades e ações políticas que aprimoram os laços de solidariedade.

O enfrentamento direto da questão racial força a identificação entre iguais (discriminados), afirmando o contraste existente como suporte para vencer as barreiras racistas da sociedade. Nesta perspectiva, o bloco reinterpreta os estereótipos nas suas composições:

> "[...] se diz que o negro é feio, nós dizemos que é bonito, se o pessoal diz que negro fede, nós dizemos que é cheiroso, tem um aroma gostoso! Diz que o cabelo é ruim, não, é duro! Se diz que o cabelo do negro não cresce, a gente diz e mostra na prática que o cabelo cresce... Tudo que eles falam de forma pejorativa, nós mandamos de volta ao contrário!" (Antônio Carlos dos S. Vovô – presidente do Ilê Aiyê, depoimento à autora, maio 1994).

Com base na diferença, no contraste, o grupo começa um processo explícito de construção e afirmação de identidade étnica, não obstante ser uma categoria flexível, mutante, a identidade negra é buscada através de uma raiz comum, uma desejada africanidade expressa nos sinais diacríticos com suportes na religião, linguagem, cor etc., e principalmente nas formas de lazer, fazendo o elo entre a africanidade e o viver contemporâneo. Não são as diferenças em si que constróem a identidade étnica, mas, ela "[...] faz das diferenças sinais diacríticos, pois se constrói pela tomada de consciência e não pelas diferenças em si." (PINTO, 1990, p. 112).

Com uma perspectiva de estudo da questão racial brasileira, em 1976 um outro grupo de jovens criou no dia 25 de janeiro, a Sociedade Malê de Cultura e Arte Negra, nome dado em homenagem à insurreição Malê de 1835:

> "No início era um grupo de estudos onde a gente tentava obter o máximo de informações possíveis em relação, basicamente, ao movimento negro americano, em relação aos movimentos de libertação da África [...] Também, acoplado a isso, discutíamos muitos textos marxistas [...] Do ponto de vista intelectual a gente estava muito mais avançado do que os outros caras, do que até o próprio conjunto da esquerda, que era de uma outra faixa etária e a gente tinha uma argumentação muito mais poderosa que a deles, porque a gente conhecia o discurso marxista, porque a gente estava estudando aquilo mais profundamente e a gente estava buscando se debruçar mais sobre essas informações dos movimentos de libertação do povo negro em outras partes do mundo [...] Imagine, todo mundo indo para a praia [aos domingos] e a gente sentava com um monte de livros para ficar discutindo, fazendo leitura conjunta etc. Paralelo a isso, também existia o Núcleo Cultural Afro-Brasileiro, que era uma entidade um pouco mais velha, com a qual a gente tinha uma afinidade muito grande [...] Sempre aos sábados nos reuníamos, juntávamos os dois grupos e fazíamos discussões coletivas" (Lino De Almeida, depoimento à autora, nov. 1994).

Os grupos Sociedade Malê de Cultura e Arte Negra e o Núcleo Cultural Afro-Brasileiro fundem-se em um só grupo, o grupo Nêgo, como visto mais adiante, mas os seus membros levaram para este novo grupo a sua marca fundamental, os estudos marxistas e portanto, uma opção política definida, enquanto grupo de negros que se debruçava sobre os estudos dos movimentos de libertação africana e sobre o movimento negro americano, tendo como referencial a relação raça versus classe.

Também no ano de 1976, constituiu-se um outro grupo de estudos da questão racial; desta vez, a partir das experiências de exclusão sofridas na Escola de Teatro da Universidade Federal. Surgiu então, o Grupo Palmares Iñaron:

> "Era um grupo que se chamava Palmares Iñaron Teatro-Raça e Posição. Você vê a utilização ingênua do termo raça naquela época, éramos bem jovens. A preocupação era construir textos, já que não tinha textos, ou quando existia, o negro era sempre depreciado ou fazia papéis pouco significativos ou então negativos. Era preciso construir novos textos, textos que espelhassem um pouco da realidade da gente. A preocupação também era fazer um espetáculo onde não somente a questão negra aparecesse, mas, também a questão da diversidade cultural brasileira, a questão do índio, a questão do nordestino." (Antônio Godi, depoimento à autora, ago. 1994).

Neste sentido, o grupo lançou-se na busca de fontes primárias para a elaboração dos textos, pesquisando em documentos de arquivos:

> "[...] nós tínhamos o volume 36 do Arquivo Público do Estado da Bahia, nós tínhamos um material rico de documentação [...] A discussão na época era muito essa: é preciso ter muito cuidado com aquilo que a academia e a história oficial produzem [...] Isso parece bobo, mas não era bobo, para os militantes daquela época isso era muito importante, porque até então nós estávamos habituados a ficar lendo somente fontes de segunda mão." (Antônio Godi, depoimento à autora, ago. 1994).

Esse grupo também se incorporou ao Nêgo. Porém, mesmo diante de sua proposta ousada de trabalho teatral, era acusado de culturalista por aqueles que defendiam uma linha mais política do Movimento Negro. Em 1978, por ocasião dos noventa anos da abolição da escravatura, os diversos grupos que discutiam a questão do racismo reúnem-se para uma palestra com a professora Lélia Gonzalez, formando o Grupo NÊGO – Grupo de Estudos da Cultura do Negro no Brasil – embrião do ressurgimento do movimento negro organizado de combate ao racismo na Bahia:

> A convite do Departamento Cultural da Prefeitura de Salvador, dirigi-me para aquela cidade, na primeira semana de maio, para dar um curso cujo título era: 'Noventa anos de abolição: uma reflexão crítica'. O entusiasmo dos debates com aquele público eminentemente negro e jovem, deu-me a dimensão do que estava ocorrendo com a moçada negra em diferentes partes do país. Representantes do Grupo Malê, do Centro de estudos Afro-Brasileiros, assim como blocos e afoxés de Salvador lá estavam discutindo e reivindicando, denunciando e se posicionando contra o racismo. Chegamos a um ponto que tive que adiar a viagem de retorno ao Rio para que pudéssemos melhor aprofundar as discussões. O resultado desse encontro foi a criação de um novo grupo constituído por membros dos anteriormente citados, assim como pelos que a eles não pertenciam. Mas por que um novo grupo, se já existiam outros? A novidade dele estava no fato de articular de maneira explicitamente política. O Grupo Nêgo viria a ser a base da qual o futuro MNUCDR se estenderia a Salvador. (GONZALES, 1982, p. 47).

Para os grupos já existentes, a opção por um novo grupo era vista com cautela:

> "[...] como foi um seminário que levou uma semana toda, dele nasceu um outro grupão, chamado Grupo

> Nêgo, porque nós ficamos um pouco cautelosos; vimos muita gente que não conhecíamos e não tínhamos interesse em chamar aquelas pessoas para o Grupo Malê. Deixamos a coisa fluir naturalmente e como havia outras entidades que estavam participando desse seminário, como Palmares Iñaron, como o Núcleo Cultural Afro-Brasileiro, a gente que era de grupos já existentes, nós conversamos com Manoel e ele disse: – Olha, é melhor dizer às pessoas que formem à parte, a gente pode dar suporte a eles, porque é mais importante que se amplie, que se dissemine essa coisa." (Lino de Almeida, depoimento à autora, nov. 1994).

O ressurgimento do movimento negro, nos anos setenta, demarca um processo específico de construção de uma identidade negra no sentido de luta e resistência contra a situação que este segmento vive em nossa sociedade. Além das marcas ditatoriais do período, esse movimento traz consigo as marcas da escravidão que despersonifica homens e mulheres, transformando-os em peças do mercado internacional; traz também fortes referências às lutas, levantes, insurreições, quilombos, crenças, mitos, criação de associações culturais e recreativas etc., que fornecem o elo entre o ontem e o hoje do movimento negro.

No início dos anos setenta, em várias partes do país, começa uma movimentação em torno da continuidade da luta negra. No Rio Grande do Sul, em 21 de julho de 1971, o Grupo Palmares transferiu as comemorações do 13 de maio para o 20 de novembro – dia da morte de Zumbi dos Palmares,

> "[...] a sugestão do nome partiu do componente Oliveira Silveira, poeta, após trabalhosa busca de fontes confiáveis sobre a história do negro no Brasil. E uma dessas fontes, que conduziu à serra da Barriga em Alagoas, foi a obra do mestiço baiano Édison Carneiro, antropólogo, historiador, pesquisador da cultura negra." (*Jornal Nêgo*, n. 14, abril de 1988).

Nesta mesma época, jovens negros no Rio de Janeiro reuniam-se em bailes, através do "Movimento Soul" – depois conhecido como "Black Rio" – respondendo desta forma à segregação que a sociedade lhes impunha. Os "Bailes Soul", animados pela música de James Brown, foram lugar de encontro da turma que criou o Movimento Negro no Rio de Janeiro (GONZALEZ, 1982).

A busca de legitimação da liberdade é uma constante na vida dos descendentes dos africanos escravizados. A luta por conquistar e legitimar espaços ressurge, em 1978, pela via dos movimentos urbanos, no contexto sócio-político de grandes mobilizações da sociedade. Em nível nacional, foi criado em São Paulo, dia 18 de junho, o Movimento Unificado Contra a Discriminação Racial - MUCDR. A primeira atividade pública foi a realização de um Ato Público contra o Racismo, no dia 7 de julho, marcando o protesto à discriminação racial sofrida por quatro jogadores do time juvenil de Voleibol do Clube de Regatas Tietê, e em protesto pela morte de Robson Silveira da Luz, torturado numa delegacia paulistana. No dia seguinte, em assembléia, foi acrescentada a palavra negro ao nome do movimento, passando a ser chamado Movimento Negro Unificado Contra a Discriminação Racial - MNUCDR. Para este Ato Público, os militantes da Bahia não puderam estar presentes, mas foi enviada uma moção de apoio:

> "[...] a gente mandou essa carta através do Jornal Em Tempo, tinha um escritório aqui na rua Chile, falamos com os caras e eles mandaram a carta pelo malote deles. Essa carta foi lida lá nesse ato que houve na escadaria do Teatro Municipal de São Paulo." (Lino de Almeida, depoimento à autora, nov. 1994).

Na segunda Assembléia Nacional, nos dias 9 e 10 de setembro, foram aprovados o Estatuto, a Carta de Princípios e o Programa de Ação. Na Bahia, a influência de James Brown foi também importante para os jovens que deram suporte à criação do movimento negro:

> Num primeiro momento, essa coisa não se deu no nível de uma postura de contestação explícita, essa coisa foi implícita. Começou com James Brown, porque a minha geração foi profundamente influenciada por ele, pela sua estética, pelo seu comportamento também, do ponto de vista estético, da sua musicalidade, da sua forma de se comportar, de dançar. Inclusive, isso acenou pra gente como uma bandeira que era um caminho que a gente poderia trilhar. James Brown sabe da influência que ele jogou na consciência da juventude negra do Rio de Janeiro, mas talvez ele nunca saiba o papel que ele desempenhou na Bahia. Tanto o Ilê Aiyê nasce como fruto disso, quanto a Sociedade Malê de Cultura e Arte Negra. (Lino de Almeida, depoimento à autora, nov. 1994).

Para os grupos que militavam na Bahia, unidos no grupo Nêgo:

> "[...] não foi o surgimento do MNUCDR que empurrou o movimento negro baiano a se estabelecer enquanto instituição, ele já existia enquanto instituição, mas, impulsionado pelos eventos do treze de maio [...] Nós não pudemos ir ao ato, mas mandamos uma moção de apoio." (Gilberto Leal, depoimento à autora, maio 1994).

A terceira Assembléia Nacional foi realizada em 4 de novembro do mesmo ano, desta vez em Salvador. O grupo baiano havia solicitado a Associação dos Funcionários Públicos para a realização, mas esta foi ocupada pela polícia,

> "[...] no momento que a gente chegou na Associação para ver os aspectos da preparação do ato, som, esse tipo de coisa, encontramos já a polícia militar cheia de cachorros e o pessoal informando a gente que o prédio estava ocupado pela

polícia." (Lino de Almeida, depoimento à autora, jul. 1994).

Para a direção da Associação, o Movimento Negro feria a lei Afonso Arinos, de modo que o movimento para eles era racista. Para a realização da Assembléia, tentaram também o Teatro Vila Velha: "[...] porém eles também foram pressionados e não cederam." (Manoel de Almeida, depoimento à autora, jul. 1994).

Em meio a este clima de tensão, com uma Assembléia Nacional marcada e sem local para a sua realização, os jovens da Comissão Executiva reuniram-se na rua, como lembrou Lino de Almeida:

> "[...] a gente se reúne na rua, uma coisa meio louca, assim a executiva: eu, Lélia Gonzalez, Manoel Almeida, que era da estadual, Milton Barbosa e Gilberto Leal, e a gente peita fazer o evento. A gente parte para o Comitê de Marcelo Cordeiro e diz: - vamos fazer essa zorra de qualquer jeito. Aí fomos, eu e Manoel na casa de Schaffner, que na época era diretor do ICBA." (Lino de Almeida, depoimento à autora, nov. 1994).

Para a realização da III Assembléia Nacional do MNUCDR era esperado um público de cerca de mil pessoas, porém contaram somente com 200 ou 300, devido ao clima de tensão; segundo depoimento, foi a militância mais experiente: "[...] quem garantiu, fortaleceu e encorajou a realização, mesmo sob esse aparato de repressão." (Gilberto Leal, depoimento à autora, maio 1994).

A partir desta assembléia, o dia 20 de novembro passou a ser oficialmente o Dia Nacional da Consciência Negra. Ainda em dezembro deste mesmo ano, aconteceu o I Congresso do MNUCDR, nome que foi simplificado para Movimento Negro Unificado - MNU, ficando implícita a luta prioritária contra a discriminação racial.

A criação do MNU, como uma entidade mais forte a nível institucional, representou a união de grupos diversos entre si, assim como de participantes individuais. O momento exigiu a formação do grupo desta forma; era necessária a unidade, porém a diversidade mais tarde foi transformada em divergência e o grupo passou a ser múltiplo, mas guardando o ponto de convergência na denúncia e luta contra o racismo. Quanto à diversidade de entidades do movimento negro, no depoimento seguinte há uma das possíveis explicações, a partir da diversidade de partidos políticos:

> "[...] por que tantos grupos do Movimento Negro, por que tanto racha no movimento negro? Ora, nós somos brasileiros, quantos partidos comunistas têm a Itália? Um. Quantos têm na Alemanha? Um. Quantos partidos do trabalhador têm a Inglaterra? Um. Quantos têm no Brasil? Quase todos os partidos políticos hoje no Brasil [...] Tudo isso no Brasil. Ninguém vai lá perguntar: - você trabalhador, por que você está no PTB e não no PDT [...] Ninguém pergunta, ninguém cobra." (Luíza Júnior, depoimento à autora, out. 1994).

No período em estudo, a militância teve um papel ativo na sociedade, principalmente através daquelas pessoas que também militavam na esquerda, no movimento estudantil e que vinham das comunidades de base da Igreja Católica. Essa participação foi desenhada com o traçado do trabalho dos Centros de Luta:

> "[...] era como se fosse uma célula dentro da comunidade negra e dependendo da área que tivesse um terreiro, ou uma igreja, um clube ou um clube de dominó, ou o que tivesse dentro da comunidade negra, a gente procurava levar essa mensagem da questão da discriminação racial e tentava fazer o processo de conscientização mesmo e

> do que estava acontecendo [...] Eu participei do Dandara, ficava em Cosme de Farias." (Valmir França, depoimento à autora, out. 1994).

Outros trabalhos destacados nos depoimentos foram o do Grupo Luiz Gama e do Grupo de Educação. Vale ressaltar que era uma época em que esses jovens podiam dedicar mais tempo a essas atividades. É possível conhecê-las um pouco mais através dos seguintes depoimentos:

> "Nós fizemos uma atividade no Alto do Peru, na casa paroquial, um debate que mobilizou a comunidade toda, porque era uma coisa nova no discurso. O título do debate foi muito instigante: 'Ser negro incomoda?' Distribuímos esse panfleto no bairro. Encheu a sala lá na paróquia e a partir daí começou a surgir um debate muito interessante naquela área acerca da relação racial no Brasil. [Surgiu] a partir dali um grupo do MNU que a gente chamou de Luiz Gama [...] a primeira experiência que nós tivemos aqui na Bahia, de um grupo de bairro do MNU." (Luiz Alberto, depoimento à autora, maio 1994).

> "Fundamos, eu, Jônatas, Luíza Bairros, Albérico e outras pessoas que não consigo lembrar, o Grupo de Educação. E nós começamos a trabalhar a questão da Educação de Adultos, fizemos um curso aqui na igreja da Capelinha Deus Menino, no Engenho Velho de Brotas, onde eu morava. Quem dava aula alternada era, eu, Jônatas e Luíza, mas só durou um ano, porque era muito difícil para nós; resultado: não foi adiante. Mas depois foi retomado isso e montou-se um projeto coordenado por Gildália e o MNU conseguiu montar 40 salas de aula de Educação de Adultos em Salvador ... foi um trabalho grande, junto às associações dos bairros,

> formavam monitores e parece que houve 40 salas de aula. Esse projeto durou, parece que, dois anos. Foi um trabalho muito importante do MNU." (Ana Célia da Silva, depoimento à autora, set. 1994).

A partir dos anos 1980, a tendência do Movimento Negro é ampliar suas bandeiras de luta, como fica evidente nos depoimentos citados. O movimento busca, desta forma, incorporar outras questões que envolvem o viver cotidiano, como a luta por moradia, educação, saúde, cultura, educação ambiental; assim como a promoção de seminários e encontros relacionados à educação interétnica, desenvolvimento de comunidades negras rurais, movimento de mulheres etc. Surge então, um grande número de entidades e grupos que dão continuidade à resistência contra o racismo e à luta pela cultura.

O número de entidades criadas a partir do surgimento do MNUCDR na Bahia foi muito grande, sendo inclusive difícil de se precisar, pois os registros destes grupos ou entidades nem sempre se dão oficialmente, por isso estão aqui citadas somente aquelas entidades das quais os sujeitos entrevistados fazem parte.

A divergência no grupo é apontada por Silva (1988) como conseqüência de quatro fatores, primeiro:

> "[...] a repressão política, porque naquele momento éramos pessoas privilegiadas e um grupo muito corajoso para fazer um movimento, para se reunir naquele Cemitério do Sucupira, visado e infiltrado de muitos agentes policiais. Houve prisão naquela época, a coisa engrossou." (SANTANA, citada por SILVA, 1988, p. 14).

Em segundo lugar, estava a questão da cor da pele, isto porque nos primeiros momentos da organização do movimento o fenótipo era o determinante para a participação, causando conflitos entre os militantes, sendo os indivíduos menos pigmentados considerados como aqueles que se passavam por brancos, chamados "negros de contrabando" ou "negros mentirosos".

O terceiro fator constituiu-se na formação do grupo de mulheres, estas não se conformavam com a divisão das tarefas feita pelo grupo, nas quais eram sempre as tarefeiras,

> "[...] nós tínhamos consciência do que éramos capazes [...] Nessa época nós tínhamos mais visão do que eles. Eles estavam na base do imediatismo. Tanto que dali saiu cada um pra o seu lado. Criaram outros grupos." (SANTANA, citada por SILVA, 1988, p.14).

O último fator, a partir do depoimento de Luiz Alberto da Silva, estava na divisão do grupo em:

> "[...] culturalistas e políticos: Naquele momento se refletia um quadro de militância ainda muito débil, que não compreendia as reais dimensões de sua luta. Esta debilidade também se refletia teoricamente, na medida em que os militantes tentavam fazer uma prática apenas do que acontecia à volta dele, viam uma realidade muito aparente e não aprofundavam questões como esta: a de interrelação da cultura com a política." (citado por SILVA, 1988, p. 15-16).

Buscando juntar as tendências divergentes foi criado, em 1979, o Bloco Afro Olodum, na área do Maciel-Pelourinho:

> "[...] um grupo político cultural, que se expressa politicamente, mas acima de tudo com atividades dentro do ambiente cultural e isso foi uma forma interessante, nova e criativa de se chegar a milhares de pessoas no país inteiro [...] O Olodum se constitui com uma imagem de que o negro pode fazer coisas, pode se organizar." (João Jorge, depoimento à autora, nov. 1994).

João Jorge, numa entrevista ao jornal Afro-Reggae Notícias, fala como ocorreu a transformação do bloco em Organização Não-Governamental (ONG):

> O bloco veio primeiro. A transformação só ocorreu em 1983, com os objetivos de diversificar as atividades do carnaval, voltar o trabalho para o desenvolvimento de ações com a comunidade do Maciel-Pelourinho, desenvolver uma consciência sobre o processo de civilização dos negros brasileiros e africanos e, principalmente, trabalhar com a idéia de que pela via cultural nós podemos influenciar a política de um modo grandioso. (*Jornal Afro-Reggae Notícias*, n. 7, p. 11).

PRINCIPAIS ENTIDADES CRIADAS NOS ANOS 1980

Do Bloco Afro Malê Debalê, do bairro de Itapuã, surgiu mais uma entidade do Movimento Negro, o Núcleo Cultural Níger Òkàn, a palavra Níger vem de um jogo de palavras latino-árabe, nome dado ao Rio Níger pelos viajantes árabes, "[...] a identidade com o Rio Níger, um dos mais importantes do continente africano, expressa a vertente ecológica da entidade" (*Folheto informativo*). O vocábulo iorubá Òkàn significa coração, alma, espírito, consciência. Desta forma o nome é incorporado como Negro coração, alma, espírito e consciência ou Coração, alma, espírito e consciência negra. Esse grupo nasceu também da tentativa de juntar as questões políticas às culturais,

> "[...] o movimento negro são as entidades e daí eu acho que você tem que saber trabalhar com a questão política e cultural. Se fizer totalmente cultural o movimento negro fica capenga, não vai para lugar nenhum [...] Eu acho que o Níger Òkàn está enquadrado dentro daquela minha visão de que não se deve separar trabalho político e cultural e tendo uma mesclagem, porque eu acho que você vive numa sociedade que é multicultural e principalmente na nossa cidade na qual o cultural tem um peso marcante, [...] tem que transformar o

cultural enquanto instrumento político." (Sílvio Cunha, depoimento à autora, jul. 1994).

A participação no poder é ponto marcante para a construção de um modelo de sociedade observado nos depoimentos de membros do grupo, assim como no seu folheto informativo, quando expressam os propósitos da entidade:

> "[...] conscientizar a população negra da necessidade de participar do poder construindo um modelo de sociedade verdadeiramente justa, democrática e plural [...] Organizar a população negra e demais oprimidos enquanto força política a serviço dos seus próprios interesses." (*Folheto informativo*).

> Nós não queremos mudar a cara do poder, nós queremos mudar a configuração básica do poder, sua estruturação (Gilberto Leal, depoimento à autora, maio 1994).

Como lembra Munanga (1989):

> "[...] se a substância do discurso da negritude consiste obviamente na relação de poder, este discurso passa necessariamente pela questão da cultura e da cor do negro por razões historicamente conhecidas [...] Ser negro se torna então sinônimo de ser excluído da participação política e econômica." (Munanga, 1989, p. 26).

Desta forma, o Níger Òkàn constitui-se como núcleo cultural que, apesar de separado do bloco afro, procurou não perder as características de entidade cultural, utilizando a cultura como fundamento para reivindicação e conquista de espaços negados pela sociedade, sendo portanto, uma base também política. Essa tem sido a preocupação das entidades na atualidade; mesmo aquelas tidas como mais políticas, têm buscado compreender que a cultura é essencial para o trabalho político.

No universo cultural, estava incluída a questão religiosa. Nesta perspectiva, em 1988, constituiu-se na Bahia mais uma entidade que busca unir o cultural, principalmente expresso na religiosidade do povo negro, com a questão política de militância negra, e assim se formou os Agentes de Pastoral Negros - APNs.

> "Aqui na Bahia não existia APNs. Nós fomos a um curso de Teologia Negra em São Luiz do Maranhão, fui eu e duas pessoas daqui de Salvador, que eram de um grupo chamado Ginga; quando cheguei lá, depois do curso, era um encontro de APNs a nível Norte e Nordeste ... Então eu fui lá e achei a proposta interessante [...] aí comecei o grupo... Não é a ligação em si com a igreja, são as pessoas da igreja e a gente quer discutir essa questão da fé com a negritude. [...] A gente acha que o trabalho que fazemos também é político, então é interessante unir essas duas coisas, e o nosso povo negro tem muita fé, está nas igrejas e nas comunidades de fé, como os Terreiros. Então, a gente tem que ligar isso, é por isso que muitas entidades negras não conseguem penetrar nos bairros populares, a gente vai com esse dado da fé e leva nossa mensagem contra o racismo e também de elevar a auto-estima e a identidade do povo negro." (Marlene da Silva, depoimento à autora, dez. 1994).

A diversidade do trabalho da militância negra é tão ampla que há um desconhecimento e, por vezes, um desrespeito às experiências de outros grupos. Para alguns dos militantes entrevistados, os APNs são uma entidade ou pastoral da igreja. Essa queixa é registrada no depoimento de Marlene da Silva, quando fala sobre a relação com as demais entidades:

> *No início foi muito difícil, porque as entidades não respeitam, na verdade eles não conhecem os APNs e acham até que a gente recebe dinheiro de igreja.*

> *Na verdade, a gente não tem nada a ver com as igrejas, elas querem ver a gente é longe, porque a gente só incomoda. Uma das propostas dos APNs é trabalhar junto com outras entidades, porque construir um projeto político não é de nenhuma entidade e sim do povo negro.* (Marlene da Silva, depoimento à autora, dez. 1994).

No seu Texto Oficial de Adesão aos APNs, o grupo afirma que se constitui como:

> "[...] grupo de pessoas que participam da vida de diversas comunidades de fé (católicas, evangélicas, religião afro etc.), tendo como finalidade principal apoiar e criar atividades que visem a conscientização, o avivamento da identidade do povo negro, nas e fora das comunidades de fé e a preservação de valores e de sua memória histórica, bem como denunciar e combater toda e qualquer forma de racismo que venha ao nosso conhecimento, junto com outros grupos que lutam pela causa do negro." (*Texto Oficial de Adesão*).

Outra entidade também muito criticada pelas demais é a UNEGRO - União de Negros pela Igualdade. Enquanto os APNs são vistos como ligados às igrejas cristãs, a UNEGRO é tida como uma entidade do Partido Comunista do Brasil,

> "[...] a UNEGRO leva muito a fama, vamos dizer assim, de ser uma entidade do PC do B, o que não é. Ela é a-partidária, tem pessoas que são do PC do B, que são do PT, que não são de partido nenhum ... A UNEGRO surgiu em 88 na Bahia e nos últimos dois anos ela se organizou em S. Paulo, Goiás, Santa Catarina e Rio de Janeiro. [...] A UNEGRO surgiu com a idéia de ser uma entidade diferente, não por ser diferente, mas de levar proposta, discutir que a questão racial, por exemplo,

não é uma questão (na nossa visão) apenas de raça- é de raça e classe." (Léo Ornelas, depoimento à autora, nov. 1994).

Na sua origem, as entidades surgiram para denunciar e combater o racismo. Todas as pessoas entrevistadas, que formaram outras entidades, militaram um dia no MNU, de forma oficial ou não, para elas o MNU representou uma escola de militância política.

REFERÊNCIAS

BERGER, Peter; LUCKMANN, Thomas. *A construção social da realidade: Tratado de Sociologia do Conhecimento*. Tradução de Floriano de S. Fernandes. 11. ed., Petrópolis: Vozes, 1994.

FREITAS, Joseania Miranda. *Museu do Ilê Aiyê: um espaço de memória e etnicidade. 1996*. Dissertação (Mestrado) – Faculdade de Educação, Universidade Federal da Bahia, Salvador, 1996.

ILÊ AIYÊ. 20 anos de resistência. *Documento do tema "Uma nação africana chamada Bahia"*. Salvador, 1994. Mimeografado.

JORNAL AFRO-REGGAE NOTÍCIAS. Ano II, n. 7, jun./jul. 1994.

JORNAL NÊGO. n. 14, abr. 1988.

MUNANGA, Kabengelê. *Negritude Afro-brasileira; perspectivas e dificuldades*. In: *Padê,* Revista do CERNE - Centro de Referência Negro-Mestiça, Salvador, n. 1, 1989.

PINTO, Regina P. *Movimento negro e etnicidade. Estudos Afro-Asiáticos,* Rio de Janeiro, n. 19, 1990.

A ARTE DO ILÊ AIYÊ:
Elo na corrente que une Herança e Projeto

Jussara Rocha Nascimento[1]

Antes de sair às ruas, a cada ano, o Ilê Aiyê desenvolve um extenso processo de organização para o carnaval. Desde o seu primeiro ano de fundação, apresenta-se cantando músicas e exibindo vestimentas próprias que homenageiam um país africano ou relatam fatos da história dos afro-descendentes. A arte do Ilê Aiyê envolve música, dança, poesia, vestuário, incluindo penteados e adereços, e uma produção gráfica expressa nas estamparias que, por si só, merece um estudo especial já que é por meio da criação de desenhos narrativos que um tipo de conhecimento e de memória cultural que é importante preservar ganha visibilidade e se afirma enquanto estética própria.

Nos vinte e três anos que o Ilê Aiyê tem saído às ruas no carnaval,[2] exceto no primeiro ano, quando o bloco compôs suas vestimentas com tecidos comprados em lojas, em todos os demais carnavais foram desenhadas padronagens especiais segundo o tema escolhido para aquele ano. Para este

[1] A autora é socióloga, trabalha no Instituto do Patrimônio Artístico e Cultural da Bahia, Mestre em Artes, Doutora em Letras.

[2] Este texto foi escrito em 1997 como parte da dissertação para o Mestrado em Artes feito na Escola de Belas Artes/UFBA, na linha de pesquisa *Documentos da Memória Cultural*, área de concentração Teorias e Crítica da Literatura e da Cultura.

trabalho foi contactado o artista plástico baiano J. Cunha[3] que passou a criar tanto os cenários móveis que levam dançarinos e músicos como as estamparias para as vestimentas. A princípio, a impressão era feita em técnica de serigrafia, por Manoel Neris, que utilizava imensas telas e imprimia centenas de metros com este processo. A partir de 1988, o bloco passou a imprimir seus tecidos em processo industrial, na técnica de estamparia rotativa, o que permitiu uma impressão mais perfeita.

Destes vinte e dois temas, dezesseis referem-se diretamente a povos e países africanos: o povo Watutsi; o povo Dogon, de Mali, o povo Ashanti, de Ghana; os países Alto Volta, Congo Zaire, Ruanda, Camarões, Zimbabwe, Angola, Daomé (hoje Benin), Congo Brazaville, Nigéria, Senegal, Costa do Marfim, Azânia (o nome escolhido para a África do Sul quando ficasse livre do apartheid) e civilizações Bantu como um todo.

Três temas remetem a acontecimentos da história do Brasil em que a participação de africanos ou afro-descendentes foi particularmente significativa: a Revolta dos Búzios; o Quilombo de Palmares e as Organizações de Resistência Negra, incluindo organizações como o Candomblé, os quilombos de Palmares, do Rio das Rãs e do Kabula; a Frente Negra Brasileira, de 1932; a Sociedade Protetora dos Desvalidos; a Irmandade da Boa Morte; os blocos de carnaval Pândegos d'África (criado em 1892), o Vai Levando (1956), o Filhos de Gandhi (1949) e o Apaches do Tororó (1968).

Na comemoração dos 20 anos do bloco o tema referiu-se à própria história do Ilê Aiyê registrando os nomes de seus fundadores e da diretoria; os mais importantes mestres da

[3] J. Cunha, um dos mais expressivos artistas plásticos da Bahia, insere-se num movimento artístico que procura uma identidade própria "opondo-se a uma absorção do modelo internacional como padrão". Ver MATSUDA, Malie Kung. *Artes Plásticas em Salvador: 1968-1986*. Dissertação de mestrado, 1995.

bateria, Mestre Bafo, Mestre Carneiro e Mestre Valter; a Senzala do Barro Barro Preto onde foi criado o Ilê Axê Jitolu; a Yalorixá Mãe Hilda; os artistas responsáveis pelas vestimentas, Déte Lima e J. Cunha; a Banda Erê; a Band'Aiyê; a Beleza Negra; a dança afro; César Maravilha, o Pássaro Negro, compositor e cantor; a revolta da Chibata e a revolta dos Búzios; uma homenagem à Mãe Preta; uma sinalização condenando o racismo; uma referência à proibição da realização da missa comemorativa dos 20 anos do bloco na Igreja de Nossa Senhora do Rosário dos Pretos; o Dia da Consciência Negra; uma afirmação da Bahia como nação africana e uma homenagem aos próprios participantes e criadores do Ilê, "esse povo que você não vê faz o Ilê que você vê".

O tema de 1993, "América Negra, o sonho africano", é uma homenagem aos negros americanos, em especial à Fanny Lou, Malcolm X, Martin Luther King e Marcus Garvey, mas também ao atleta, ao músico, à cantora, ao trabalhador e trabalhadora do campo e da cidade e ao escravo que conquistou sua liberdade.

O ano de 1997 lembra homens e mulheres negros que contribuíram e contribuem para "um saber que prioriza a história dos descendentes dos africanos na Brasil", sintetizado no tema "Pérolas Negras do Saber".

O anseio para o estabelecimento de um elo que una o presente com a cultura e a história de antepassados africanos toma forma nas criações do Ilê Ayiê e no que diz respeito mais particularmente às técnicas de estamparia e tecelagem é possível fazer uma correlação com a produção têxtil de diferentes povos africanos que, inclusive, associam esta técnica à apropriação da sua "palavra" própria.

A concepção que considera a palavra como portadora de força estende-se ao longo da história e da extensão do continente africana desde há milênios.[4] A palavra anima, põe

[4] A idéia de que é a capacidade de proferir palavras que torna possível denominar e criar o mundo já aparece em textos religiosos africanos datados do 3º milênio A. C. em registros deixados pela civilização nilótica.

em movimento, suscita as forças que se encontram estáticas nas coisas. A palavra é passada de geração a geração por uma cadeia de transmissão à qual se deve respeito. É importante a noção de "respeito à cadeia", de "respeito à transmissão". Hampaté Bah chama a atenção para o fato de que a tradição oral, vista como um todo, não se resume à transmissão de relatos ou de alguns conhecimentos, mas é "geradora e formadora de um tipo especial de homens".[5] Por outro lado, a palavra também está intimamente associada à produção das condições materiais da existência. Diz-se que:

> O ferreiro forja a palavra.
> O tecelão a tece.
> O que trabalha com o couro a amacia e escova.[6]

"O tecelão tece a palavra": na África, entre o povo Dogon e entre os Bambara a tecelagem está intimamente associada à fala. A palavra dogon soy designa tanto o tecido como a palavra falada[7] e entre os Bambara a tecelagem, como outros ofícios, tem a designação de "as palavras de Faro", o criador dos ancestrais.

A tecelagem como processo social desenvolvido a partir da cooperação de várias pessoas é também um trabalho que possibilita a troca de palavras, de idéias, de relações interpessoais e comunitárias na qual a comunicação se dinamiza. Griaule chama a atenção para o fato de que a tecelagem é símbolo da cultura:

> A tecelagem é o símbolo da cultura: o fio da trama é a umidade ativa do homem avançando nas terras incultas que simboliza a corrente. E isso, por en-

---

[5] BAH, Amadou Hampaté. A palavra, memória viva na África. *Correio da UNESCO*, Rio de Janeiro, n. 10/11, 1979, p. 19-20.

[6] BAH, op. cit.

[7] GRIAULE, Marcel. The Dogon, apud FRASER, Douglas (ed). *African Art as Philosophy*. New York: Interbook, 1974, p. 16-17.

> caixes e correspondências, transforma em arte plena as faixas tecidas, essa "ciência dos tecidos", de que falam os Bambaras ou os Samogos. Os "doutores" de todos os povos do Sudão dão nomes especiais a cada faixa de tecido, segundo seu desenho. Antigamente, essas faixas eram em número de 264 (número dos signos da escrita) possuindo, cada uma, seu sentido próprio. De ponta a ponta elas contavam sucintamente o mistério da criação e as aventuras dos principais seres míticos.[8]

A concepção que entrelaça o trabalho da tecelagem e do tecido com a própria possibilidade de expressão da palavra e de criação de cultura pode ser aproximada às estamparias do Ilê Aiyê, considerando-se que também estas carregam sua mensagem própria, ou seja, sua própria "palavra". Palavra que é tanto uma obra portadora de uma estética própria como instrumento de comunicação a que se atribui conteúdos simbólicos e políticos pelos quais se estabelece um código grupal que confere existência e identidade ao conjunto de pessoas que criam e dão vida ao bloco.

As analogias entre palavra, tecido e estamparias podem estender-se ainda mais a partir da percepção de que a palavra carrega, além das experiências subjetivas e a história pessoal de cada um, carrega, inevitàvelmente, como nos dizem Deoscóredes e Juana Santos, "o hálito, os gestos, a respiração" dos mais antigos aos mais novos, de geração a geração; carrega o som "transmitido de boca à orelha",[9] implica presença, gestos, tons, aproximação corporal, ou seja, tal como os tecidos e as estamparias envolvem e servem-se do suporte

---

[8] GRIAULE, Marcel. L'Afrique, in HUYGUE, René. L'Art et l'homme. Paris: Librairie Larousse, 1957, p. 367.

[9] SANTOS, Deoscoredes M. dos; SANTOS, Juana Elbein dos. A cultura nagô no Brasil, memória e continuidade. *Dossiê Brasil África,* São Paulo: USP, n. 18, jun./jul./ago. 1993, p. 43.

do corpo, a palavra precisa do corpo para se fazer existir. Assim, ambas, palavra,e tecido/estamparias precisam do hálito, do cheiro, do toque, da respiração, do suór, dos gestos, sons, exclamações, ritmos, cores, formas, em suma, de tudo aquilo que remete à presença real e viva do corpo.

A articulação de todos esses elementos acaba por formular uma linguagem na qual intercâmbios e relações simbólicas são possíveis a partir da rede de signos criada em conjunto, no interior do bloco, incluindo-se, em particular, os signos impressos nas estamparias. Neste processo, o estabelecimento de modos de comunicação no interior do grupo social criador do Ilê Aiyê, bem como diante do conjunto maior da sociedade, inclui, necessàriamente, a presença vital do próprio corpo enquanto suporte da obra.

A aspiração de manter uma aproximação com tradições africanas é retomada pelo Ilê Aiyê na década de 1970, mas não tem seu início neste momento. Já na década de 1890, quando os grandes clubes de negros têm uma presença marcante nos desfiles de rua, no período do carnaval, Nina Rodrigues chega a afirmar que

> as festas carnavalescas da Bahia se reduzem ultimamente quase que exclusivamente a clubes africanos organizados por alguns africanos, negros, crioulos ou mestiços. Nos últimos anos os clubes mais ricos e importantes têm sido: a Embaixada Africana e Pândegos d'África. Mas além de pequenos clubes como a Chegada Africana e os Filhos de África, etc, são incontáveis os grupos africanos anônimos e os máscaras negros isolados.[10]

A temática dos desfiles destes clubes também se referia a fatos ligados à cultura africana, como foi o caso do tema de

[10] RODRIGUES, Nina. *Os africanos no Brasil*. São Paulo: Nacional, 1977, p. 180.

1897 do Pândegos d' África que escolhe uma tradição da cidade de Lagos, na Nigéria, a festa do Damurixá, para desenvolver o enredo com que se apresenta nas ruas. Manoel Querino dá uma descrição deste espetáculo salientando a mobilização dos caranavalescos e o enorme acampanhamento que o seguiu bem como a participação das mulheres, "as africanas [que] tomadas de verdadeiro entusiasmo, cantavam e dançavam durante todo o trajeto numa alegria indiscutível".[11]

Mulheres africanas mantendo, no Brasil, sua forma própria de se vestir foram retratadas pelo artista francês Jean Baptiste Debret, feitas entre 1816 e 1831 quando viveu no Brasil. Mesmo quando se vestiam com amplas saias e anáguas à européia, a escolha das cores de suas roupas era diferenciada, além de geralmente incluírem torços na cabeça e panos sobre os ombros, exibindo uma marca dos costumes africanos de vestuário. Além disso, a própria linguagem corporal deixava visualizar um jeito africano de se movimentar, as mulheres capazes de equilibrar qualquer coisa na cabeça, desde enormes e pesados cestos a um simples guarda-chuva ou uma garrafa de vidro, até mesmo uma vela acesa, movimentando-se de um lado a outro perfeitamente à vontade.

Ainda no início do século 19, a forma especial de se vestir dos escravos africanos já era motivo de atenção dos representantes da ordem colonial escravocrata, o que pode ser visto num ofício endereçado ao Conselho Ultramarino Português, em 1804, pelo Conde da Ponta, um dos inimigos mais ferrenhos dos quilombos da época. O assunto refere-se a sua preocupação com as

> "repetidas e muito frequentes desersões dos escravos [...] e vadios [que] com uma liberdade absoluta, dansas, vestuários caprichosos, remédios fingidos, bençãos e orações fanáticas, folgavam,

[11] QUERINO, Manoel R. *A raça africana*. Salvador: Progresso, 1955, p. 96.

> comiam e regalavam com a mais escandalosa ofensa de todos os direitos, leis, ordens e pública quietação". [12]

No cotidiano da vida nas ruas, onde era grande o movimento da população trabalhadora, não era possível evitar que vestuários de alguma forma "caprichosos" se mostrassem ausentes e Mattoso se refere ao colorido da cidade de Salvador no século 19, vislumbrando uma "cidade suja, mas colorida, inclusive pelas roupas e as peles variadas da sua gente".[13]

Já Gilberto Freyre chama a atenção para o fato de que "os tipos não-senhoris de mulher", como diz, forneceram "inspirações nada insignificantes de modas de mulher": "Em tempos patriarcais, houve uma reciprocidade de influências, entre ornamentos característicos de sinhás ou de sinhazinhas e ornamentos - mais ostensivos - da mucama". O autor nos fala dessas "inspirações saídas de mulheres chamadas do povo: de suas rendas mais populares, de suas sandálias, de seus tamancos, de seus adornos".[14] Refere-se aos adornos das "baianas" e de "seus trajes belamente mistos, de africanidades magníficas, de cores, a circunstâncias já brasileiras" e das "saias repolhudas, tão exageradamente imitadas por rainhas afro negras de maracatus". O autor cita, ainda, o livro do americano Isaac N. Ford, publicado em Londres, em 1894, "onde ele se refere aos trajos das mulheres chamadas por ele 'negras da Bahia', como sendo 'the gay est colors and patterns' e acompanhadas de muitos adornos".[15]

Também a inglesa Maria Graham que esteve em visita ao Brasil entre 1821 e 1823 mostrou-se atraída pela beleza

[12] REIS, João José. *Rebelião escrava na Bahia, a história do levante dos Malês (1835)*. São Paulo: Brasiliense, 1987, p. 66 (grifo meu).

[13] MATTOSO, *op cit,* p. 438.

[14] FREYRE, Gilberto. *Modos de homem e modas de mulher*. Rio de Janeiro: Record, 1987, p. 43.

[15] FREYRE, op cit, p. 137-138.

das vestimentas dos trabalhadores que via por toda parte: "os caminhos estão cheios de negros, moços e velhos, com suas belas vestimentas, ainda que bizarras, com cestas de frutas, peixes e outras provisões à cabeça".[16] Graham deleita-se, ainda, com um tipo de roupa que vê como uma "curiosidade africana":

> "as curiosidades africanas são pouco mais conservadas, mas algumas delas são muito interessantes na espécie. Uma muito notável é uma roupa [...] feita de tripas de boi [...] cuidadosamente limpas e secas, como fazemos com as bexigas. São então esticadas longitudinalmente e as peças costuradas junto; cada costura é feita com penachos, ou antes franjas de penas de púrpura, de modo que a vestimenta é leve, impermeável à chuva e altamente ornamental pelas suas ricas faixas coloridas".[17]

Os homens africanos também se empenharam em manter a possibilidade de construção da própria aparência, num contexto em que a delimitação de fronteiras estéticas se unia a necessidades políticas, e isso pode ser visualizado, por exemplo, nos abadás dos haussás, usados secretamente em seus rituais religiosos, no início do século 19. No movimento que ficou conhecido como a Revolta dos Malês, ocorrido em 1835, após a repressão à revolta, pesou contra um dos presos, Luis, escravo nagô, alfaiate, a acusação de "costurar roupas muçulmanas e de ser tratado pelos patrícios com deferência especial".[18] Segundo Reis,

> "outro símbolo da presença islâmica na comunidade africana era o uso de uma roupa toda branca,

---

[16] GRAHAN, Maria. *Diário de uma viagem ao Brasil*, São Paulo: Nacional, 1956, p. 140.

[17] GRAHAM, op. cit., p. 305.

[18] REIS, op. cit., p. 164.

> espécie de camisolão comprido chamado 'abadá' na Bahia. Em país iorubá este termo não se referia exatamente a roupa muçulmana [...] o agbadá se caracterizava exatamente por 'ser sempre feito com material tingido ou colorido'".[19]

O fato é que este movimento de revolta também ficou associado, como salientou Reis, a "um desfile/discurso estético rebelde" na medida em que "os rebeldes trouxeram para as ruas um notável aparato de cores, sons e formas antibrasileiras", inclusive "vestimentas 'estranhas' ".[20]

Foi, portanto, em grande parte devido à determinação das africanas, africanos e seus descendentes, de se vestir com cores e enfeites próprios que evidenciavam sua "diferença cultural" e sua independência face às "regras ditadas por Paris ou Londres" que, hoje, as vestimentas do Ilê Aiyê e o trabalho de arranjos de torços e penteados criados por Dete Lima podem ser compreendidos como uma espécie de "elo que une herança e contemporaneidade".

A construção da própria aparência envolve sutilezas culturais, psicológicas e, mesmo, políticas, que nem sempre podem ser domesticadas sob um único código de valores. Lembrando Risério, "a indumentária", enquanto código socialmente significativo e linguagem visível, "se tornava, em si mesma, aviso e manifesto, espécie de fantasia ideológica, símbolo de inconformismo e afirmação de uma distância".[21] A questão do "discurso estético rebelde", inscreve-se na afirmação de uma identidade étnica e de resistência de valores culturais, incluindo, em particular, uma reserva de valores estéticos.

As tentativas de calar essa palavra podem remeter-se à repressão de inconformismo e resistência que tecidos e

---

[19] REIS, op. cit., p. 124.

[20] REIS, op. cit., p. 249.

[21] RISÉRIO, Antonio. *Carnaval Ijexá: notas sobre afoxés e blocos do novo carnaval afrobaiano*, Salvador: Corrupio, 1891, p. 100.

vestimentas permitem, mas podem igualmente refletir a política de repressão econômica à própria indústria têxtil quando esta interfere em interesses econômicos específicos. Tal foi o caso das restrições impostas por industriais ingleses, nos fins do século 18, às indústrias têxteis autônomas na Índia e mesmo no Brasil, quando, a partir de pressões inglesas, a rainha de Portugal D. Maria I, assina, em 1785, um alvará em que, sob pena de prisão, confisco de casas e terras (o que chegou a ocorrer) exige a extinção e proibição de

> "todas as fábricas, manufaturas ou teares, [...] excetuando-se somente aqueles ditos teares em que tecem ou manufaturam fazendas grossas de algodão, que servem para uso e vestuário de negros, para enfardar e empacotar [...] todas as mais sejam extintas e abolidas, em qualquer parte onde se acharem nos meus domínios no Brasil".[22]

Apesar do decreto, alguns africanos oriundos de culturas com longa tradição de tecelagem conseguiram, de alguma forma, preservar sua técnica e, na Bahia, tal ocorreu por meio do trabalho de Mestre Abdias, nascido em 1910, que aprendeu com seu padrinho, Mestre Alexandre, africano de origem, a arte da tecelagem em tear de características iorubanas. Segundo Mestre Abdias, o pano de Alaká, tecido em tear manual, "uma arte que exige muita paciência e perseverança",

> "foi introduzido no Brasil pelos africanos; primeiramente importado, depois tecido aqui mesmo, desde a época da escravidão. Quem fazia era o escravo ou descendente de escravo. Não acrdito que o homem branco fizesse, sobretudo porque o africano

---

[22] LIMA Jr., Augusto de. *História da Inconfidência de Minas Gerais,* Belo Horizonte: Itatiaia, 1968, v.2, p. 29.

não ensinava mesmo! [...] O original, o verdadeiro, é o tecido em tear manual, que é o que eu faço. Esse é o pano de Alaká.

Há também o 'pano branco', que antigamente era de madrastro, que elas compravam a fazenda nas lojas e cortavam, depois bordavam todo, com bordados bonitos e embainhavam. Pano de Oxalá. Agora, qualquer um tipo de pano branco é usado. Há também um outro tipo de pano da costa, que elas dizem ser pano da costa. É um de listra colorida, pano de porta de loja, que elas cortam e embainham".[23]

Um outro artesão de pano de Alaká que viveu na Bahia foi Pequeno da Muriçoca, morto por volta de 1970, que também era Babalorixá. Sobre este artesão, entretanto, não dispomos de nenhuma outra informação. Sabemos que recebia muitas encomendas o que mostra o valor que se atribuía ao pano tecido por ele.

No passado, uma simples decisão como a escolha das cores e formas da roupa que se queria vestir ou o próprio ato de tecer ter sido considerado subversivo e sujeito à proibições e repressões, evidencia o esforço e o trabalho de gerações e gerações envolvidas na preservação e na garantia da existência daquilo que é simplesmente um ato de liberdade na construção da própria aparência. Não é possível, portanto, deixar de reconhecer o sentido de resistência e a força estética específica possíveis de serem expressas em tecidos e vestimentas. Desde os "vestuários caprichosos" de que nos fala o Conde da Ponta, ou as vestimentas "estranhas" e "antibrasileiras" dos malês revoltosos, passando pelas "africanidades magníficas" das mulheres do povo, como nos

---

[23] CARVALHO, Vânia Bezerra de. *Mestre Abdias, o último artesão do pano da costa,* Salvador: s.c.p., 1982, p. 8.

diz Freyre, ou "as belas vestimentas, ainda que bizarras", vistas pela visitante inglesa, até as estamparias contemporâneas do Ilê Aiyê, a "palavra" do tecido faz-se presente e delimita seu espaço estético e político, seus simbolismos, suas mensagens específicas, seu poder de sedução.

A DIMENSÃO PEDAGÓGICA DO MITO:
Um estudo no Ilê Axé Ijexá

Maria Consuelo Oliveira Santos

AGRADECIMENTOS

A Jandira Maria Ribeiro Santos. a quem devemos todo o empenho e garra inicial pela existência desse mestrado em convênio UFBA/UESC.

A Maria de Lourdes Siqueira, pela segurança de um saber vivenciado em parceria e pelo aprendizado da firmeza da sua luta, na defesa da crença de uma universidade mais aberta e livre ,de preconceitos.

A Ruy do Carmo Póvoas, pelo exercício simultâneo de papéis fundamentais: o de babalorixá. professor e de companheiro no dia-a-dia da Universidade.

A Maria de Lourdes Netto Simões. pelo olhar de crença, estímulo e generosidade na partilha da construção de um saber.

A Marialda Silveira. que foi uma companheira desde a gestação da idéia e convivência profícua nesses anos de muitas alegrias pela profundidade dos encontros. A Raimunda Silva d'Alencar, presença amiga constante nas discussões durante todo o processo de construção do texto dissertativo. A Teresa:Coutinho. Genildo e Márcia Ferreira, Marlene de Freitas e Suely Rezende pelo apoio constante e que sempre estiveram com os corações e os seus lares abertos para a acolhida em Salvador.

A Maria Luiza Nora, Elias Guimarães, Norma Videro, Evani Pedreira, Marli Geralda, Aparecida Aguiar, Dinalva Melo e

Rosenaide Pereira Ramos, pela gentileza de disponibilização da bibliografia necessária. A Alda Pêpe, que sempre acreditou, deu força e soube lutar contra as adversidades no seio da academia. A Frederic Robert Garcia, pela versão do resumo para a língua francesa. Ao casal Lincoln e Izabel Delbone compreenderam a necessidade de se lutar por um ideal. À Transbrasil, que oportunizou a vinda de Maria de Lourdes Siqueira de Londres-Salvador-Londres.

RESUMO

A partir da perspectiva de considerar o mito como uma forma de conhecimento, este trabalho tem por objetivo compreender a dimensão pedagógica do mito numa comunidade religiosa nagô, um candomblé de origem Ijexá. Por meio de um estudo etnográfico no cotidiano do Ilê Axé Orixá Olufon, busca-se compreender o mito na vivência dos fazeres e dizeres dos participantes da casa, integrados ao complexo cultural de tradição africana. em interrelação com outros saberes. No candomblé, é a partir do mito que se inicia todo um processo de percepção e interpretação da realidade, gerando conhecimento e aprendizado. Nesse entendimento, o terreiro é uma religião-escola, um espaço sociopolítico-cultural onde se aprende a respeitar a natureza, as tradições, os valores comunitários, mediante uma postura ética específica. O mito originário da África se expressa através do conhecimento mítico numa teia simbólica do imaginário individual e coletivo. No terreiro, esse modo de conhecimento integrou-se à comunidade por meio de uma interação dinâmica com os ethos da terra brasileira, a partir de mecanismos de resistência, gerando um modo singular afro-brasileiro de ver a vida.

Dedico este trabalho aos Filhos de Terreiro Ilê Axé Ijexá Orixá Olufon, com quem vivenciei, encontro, descoberta, presentes no meu caminho, aprendizagem e crença na vida.

A Adélia Sampaio Santos e Raimundo Nogueira, que sempre estiveram ao meu lado. Em memória de Mejigan. Maria Natividade Conceição. Mãe Menininha do Gantois e Yaldelice

Soares Pinheiro, Quatro mulheres que escreveram a palavra resistência no Percurso de suas vidas

E a José Oliveira Santos, meu pai, que me ensinou a acreditar no outro.

Laró yé!
Ogun yé!
Okè aro!
Ewé ó!
Lóogún!
Obá-Xireé !
Eparrei!
Sálùba!
Atotó!
Aróbà bo yí !
Ora yèyè o!
Çá w óo, ká biyè si!
Eèpàà Eèpàà Baba!
Odo I yá

Saudação aos orixás. Se o senso de beleza e o senso de harmonia não se instalarem na vida diária de homens, mulheres e crianças. então esta vida não passa de um desperdício...
SAI BABA

INTRODUÇÃO

A elaboração deste trabalho foi resultado de questionamentos/encontros por caminhos percorridos na trajetória de descobrir outros olhares, diferentes daqueles com os quais sempre convivi e que tinham a pretensão de tudo dizer sobre a vida. Foi na comunidade religiosa Ilé Axé Ijexá que o tema mito me mostrou outra perspectiva do estar no mundo e a partir de uma visão de mundo nagô, procurei buscar o entendimento **da dimensão pedagógica do mito** nesta comunidade. Nesse caminhar pude observar encontros desencontros diferenças entre a academia e o terreiro, um terreno fértil para novas possibilidades de compreensão do estar no mundo.

Com o propósito de contribuir para os questionamentos sobre a construção de conhecimento e aprendizagem do processo educacional brasileiro, a partir da visão nagô, o trabalho foi estruturado em quatro partes, tendo como abertura do texto o que chamei de "O encontro com o mito em dois contextos – na academia e no terreiro"; um momento de compreensão do mito em dois espaços de interpretação do viver. estabelecendo ausências, oposições e/ou proximidades entre os dois espaços. Procurei contextualizar historicamente a existência da comunidade religiosa Ilê Axé Ijexá e as implicações que isso anuncia para os estudos educacionais.

A segunda parte, "Percorrendo Trilhas", é um encontro com fazeres, dizeres em vários percursos. um trilhar teórico-metodológico com a descoberta de caminhos que também me encaminharam. inclusive com percursos e veredas acadêmicos, que estão coexistindo com o aprendizado vivencial do terreiro. O processo metodológico foi se construindo processualmente à medida em que eu estava vivenciando a cultura nagô da comunidade Ilê Axé Ijexá. Ao ter situado os referenciais teóricos em um segundo momento, tem o propósito de colocá-los como parte dos vários encontros que se foram sucedendo e estão na metodologia. Implica dizer que eles foram acontecendo durante todo o processo em que se fundiam pesquisas de campo e leituras referenciais.

A terceira parte, "Conhecendo o Conhecer no Ilê Axé Ijexá", é um momento de procura e encontro do lastro que compõe o conhecer nagô. por considerar que o aprender está implícto no conhecer. Esse percurso mostrou a necessidade da ampliação da noção de conhecimento, um tema bastante requerido, hoje, nos meios acadêmicos, onde o modo de conhecer nagô pode contribuir significativamente para o alargamento das concepções sobre essa temática.

A quarta parte, "Aprendendo com o mito nagô no Ilê Axé Ijexá", refere-se aos conteúdos aprendidos pela comunidade através do mito em suas várias formas, expressões, dizeres, nas diversas construções simbólicas que permeiam o imaginário dos sujeitos que lá participam da" festa" do conhecer/ aprender.

Este trabalho também é composto de um referencial bibliográfico que busca perfazer os estudos relacionados à africanidade, tendo como representantes os autores: Augras, Hampâté Bâ, Bacelar. Bastide, Fonseca. Lima. Lody, Luz. Mattoso. Ribeiro, Póvoas, Santos (Elbein), Siqueira, Silva, Sodré (Muniz) e (Jaime). Souza JR, Vogel, Verger. Quanto aos aspectos educacionais e de aprendizagem trabalhei com Apple, Piagel, Sacristán, Silva, Brandão, Fazenda. Giroux e McLaren, Kramer, Leite, Moreira, Penin, Piaget, Sacristán, Silva, Tevês, Vygotsky, e Winnicott. Com referência aos estudos antropológicos que envolvem as dimensões simbólicas, o imaginário, o mito e as questões culturais de um modo geral, pude partilhar dos estudos de Bachelard, Béjart, Burken, Bourdieu, Cassirrer, Certeau, Durand, Eliade, Galeano, Gertz, Henderson. Highwater, Homero, Jung, Leenhardt, Mauss, Maffesoli, Monini, Morais, Novaski, Oliveira, Pitta, Piza, Rocha, Reeves, Serra, Sodré. Quanto a questões filosóficas trabalhei com Barbosa, Berman, Bernardo, Foucault, Pré-Socráticos, Pessanha, Ponty. Em relação aos estudos contemporâneos sobre o conhecimento e/ou sua complexidade, os autores utilizados foram Guattari, Capra, Carvalho, Domingus, Morin, Maffesoli, Petraglia. Para às questões do discurso, trabalhei com Pulcinelli e Brandão. Não houve a preocupação de situar os estudiosos em escolas de pensamento, mas observando as perspectivas que fossem significativas para a elaboração deste texto. Chamo atenção quanto aos títulos que não estão nas referências bibliográficas, eles fazem parte da bibliografia consultada, mas de grande importância para o esclarecimento de alguns questionamentos.

Um relato mítico, recolhido através dos informantes do terreiro, dá início a cada parte do trabalho como ponto referencial da cultura nagô. Tento estabelecer um diálogo entre o mito e temáticas trabalhadas durante o processo de tessitura do discurso. Outros relatos míticos estão pontuando o texto, sempre na mesma perspectiva.

Durante o desenvolvimento do texto, os lexemas da língua ioruba foram aportuguesados e serão tratados em itálico para especificá-los. Os nomes dos informantes, os participantes do Ilê Axé Ijexá, serão grafados em língua ioruba e no português corrente. Isso ocorre devido a uma realidade relacionada à iniciação religiosa.

As falas dos informantes do terreiro estão colocadas, durante todo o texto, na mesma disposição que as citações de estudiosos, por compreendê-las tão significativas quanto às dos diversos autores. partindo da compreensão de que a interpretação da vida não é privilégio de quem está na academia. Assim, falas acadêmicas e dos participantes do terreiro, formarão um composto de compreensão do viver. Ainda quanto à forma, as citações não obedecerão às regras vigentes de disposição do discurso lingüístico mas serão recuadas, mesmo estando expressas em apenas duas linhas.

É preciso atentar para o que Pitta (1996) informa: o mito implica crença e fé. diferente do conto que é fantasia. No Ilê Axé Ijexá encontrei a referência aos mitos como verdades fundamentais, sendo nomeados sem distinção pelos participes do terreiro, por história, lenda. conto. Daí, quando utilizar, neste trabalho, qualquer dos termos significará o discurso mítico como verdade fundante para a comunidade Ilê Axé Ijexá, um compromisso de fé em princípios que são estabelecidos pela presença do mito em todos os momentos do vi ver comunitário.

Elaborei um pequeno glossário para que a comunicação não seja rompida, devido à presença de termos ioruba, embora aportuguesados, ou vocábulos que são usados preferencialmente pela comunidade e que fazem parte dos seu discurso lingüístico vigente. Para a realização do glossário contei com a ajuda do professor Ruydo Carmo Póvoas. Inseri no texto original algumas fotos do cotidiano da comunidade com o objetivo de utilização da linguagem visual para estabelecer uma parceria com o discurso lingüístico.

O ENCONTRO COM O MITO EM DOIS CONTEXTOS: NA ACADEMIA E NO TERREIRO

O NASCIMENTO DE EXU

Contam os mais velhos do terreiro que, no início da criação dos seres, Olodumaré e Orixalá resolveram dar vida a Exu. Um dia, percebendo que Exu estava crescendo muito forte, Orixalá designou-o para realizar determinados trabalhos necessários ao viver diário. Desse modo reservou a entrada da morada para ser o local de permanência de Exu, pois uma de suas tarefas seria tomar conta do local onde viviam. Nesse período, Orunmilá foi pedir a Orixalá que também lhe criasse um filho; e estava tão impaciente pois, conhecia o *gênio de Exu, alertou Orunmilá que seria difícil e perigoso criar, no aiyê, alguém com* o *jeito de Exu. Mas foi tanta a insistência de Orunmilá que Orixalá resolveu atender ao pedido, lhe orientando para colocar as mãos em Exu e quando voltasse ao aiyê ao ter relações com sua mulher, geraria* um *filho igual a ele. Doze meses depois a esposa de Orunmilá deu à luz um filho homem chamado Elegbara, que quis logo comer preá* ao *ouvir pela primeira vez a pronúncia de seu nome. Foi assim que trouxeram muitas preás e o Exu criança comeu todas. Nos dias que se seguiram Exu devorou todos os peixes e todas as aves que lhe presentearam. Mas no quinto dia, disse agora desejava ingerir* a *mãe; ela cantando aceitou que ele a devorasse. Orunmilá, não agüentando mais essa situação, procurou orientação de Babalaô, que lhe sugeriu mais uma oferenda de alimentos a Exu. Mesmo assim,* o *desejo incontrolável de Exu continuou inalterado e, no sexto dia, quis devorar também o pai. Não aceitando mais as exigências de Exu*

Orunmilá pegou uma espada e conseguiu alcançá-lo em duzentos pedaços. A cada pedaço de Exu, Elegbara havia uma transformação em um Yangi. E, quando mais cortasse cada pedaço, mais Yangi aparecia nos nove espaços do orun. No último orun, Exu resolveu fazer um pacto com seu pai. Orunmilá, para que ele não o perseguisse mais: os Yangi nascidos seriam os seus representantes e Orunmilá poderia consulta-los toda vez que fosse necessário para realizar trabalhos, pois os Yangi atenderiam os pedidos como se fosse ele mesmo. Exu, por fim, devolveu-lhe tudo que havia devorado, inclusive a sua própria mãe.

Este texto dissertativo começa, da maneira africano-brasileira de iniciar as atividades no terreiro, com Exu. É Exu quem abre as portas e estabelece a intermediação entre esse mundo, o aiyê, e o mundo dos orixás, o orun. É Exu quem transporta desejos realiza a comunicação entre o homem e o orixá. É o princípio dinamizador e de individuação, Sendo ele o princípio da existência cósmica e humana, é quem movimenta o axé, a energia vital. Este relato mítico foi recolhido durante a pesquisa no terreiro, bem como todos os outros textos, que estarão abrindo cada capítulo. Os textos fazem parte do cabedal de conhecimentos do grupo religioso Ilê Axé Ijexá, compondo, portanto, o imaginário, da coletividade.

Exu é a divindade que nos mostra a diversidade das várias faces das personalidades e, portanto. a mobilidade no movimento de ser ou estar, a depender das circunstâncias. tal como a dinamicidade da partícula atômica que integra em si a possibilidade de ser corpúsculo energia de acordo com o contexto. Integra o próprio dinamismo da vida transgredindo espaço. valores, com brincadeiras, zombeterias ou ações ferinas. sem perder a própria dinâmica de reequilibração com o pacto que estabelece com os humanos, mantendo-se alerta para outra virada a qualquer momento, numa condição de nunca ser revelado porque a sua constituição é a própria complexidade do não-desvelamento.

Considero Exu integrado ao próprio espírito dessa época contemporânea, de trazer à tona toda a diversidade que existe em cada ser existente no mundo. De mostrar que encarnamos em nós o lado de sombra e de luz nos vários ângulos das ações que desempenhamos. Ele é a divindade que tem a coragem de mostrar a fraqueza e a força, porque são, ambas. realidades que interagem. Não tem medo de voltar atrás para estabelecer o acordo, a compreensão por outro caminho.

Exu propõe tornar as coisas risíveis, a nos alertar para a sizudez, de ser preciso trabalhar com o lúdico que também integra o processo de compreensão da vida. Evidencia a dinâmica do real na sua mobilidade, nos alertando para a não cristalização e petriticação das concepções. Tem a audácia de expor fragilidades, fraquezas e, ao mesmo tempo, o poder e a força de que todos nós dispomos. Ele também nos sugere que a beleza do conhecer está na sua fugacidade, na perspectiva dos vários ângulos sem o esgotamento de nenhum e o prazer de ir conhecendo sempre, na inesgotável complexidade do saber.

A CRIAÇÃO

A mulher e o homem sonhavam que Deus os estava sonhando. Deus os sonhava enquanto cantava e agitava suas maracas,envolvido em fumaça de tabaco, e se sentia feliz e estremecido pela dúvida e pelo mistério.

Os índios makiritari sabem que se Deus sonha com comida, frutifica e dá de comer. Se Deus sonha com a vida, nasce e dá de nascer. A mulher e o homem sonhavam que no sonho de Deus aparecia um grande ovo brilhante. Dentro do ovo, eles cantavam e dançavam, faziam um grande alvoroço, porque estavam loucos de vontade de nascer. Sonhavam que no sonho de deus a alegria era mais forte que a dúvida e o mistério; e Deus os criava e, cantando dizia:

Quebro este ovo e nasce a mulher e nasce o homem. E juntos viverão e morrerão. Mas nascerão novamente. Nascerão e tornarão a morrer e outra vez nascerão. E nunca deixarão de n/ascer, porque a morte é mentira.

Ao ler este texto, ficou evidente, para mim, a profundidade de percepção desse povo sobre a vida, a relação com o sagrado e a forma poética de narração expressos pelo discurso mítico.

Após ter buscado por variáveis fundamentos sobre o descaso em relação ao conhecimento mítico, pude perceber que a civilização ocidental teve em certa época, na Grécia, um dos movimentos de tentativa de se eliminar o mito e instituir a razão para o entendimento da realidade. O conhecimento mítico passou a ser visto como coisa menor, ligado às paixões. à imaginação. aos desejos e, portanto, era sinônimo da fraqueza humana. Nessa compreensão, o Ocidente estabeleceu a exaltação do logos, a razão, enquanto substância ou causa do universo.

Empreendi uma caminhada em dois anos è meio, na comunidade religiosa nagô. IIé Axé Ijexá, com o propósito de compreender um outro olhar. que estava exatamente no lado oposto ao pensamento que nega a força e existência desse tipo de conhecimento. A escolha desse tema deve-se a algumas razões. Uma delas é a capacidade de resistência desta comunidade de origem nagô que está encravada numa região que tem a marca do individualismo da·força do preconceito. da arrogância de poderes instituídos.

Como a comunidade religiosa lIê Axé ljexá conseguiu superar tantas forças adversas e reelaborar uma tradição? Quais os mecanismos culturais que possibilitaram a resistência? Eram perguntas que tocavam de perto e que me impulsionaram ao estudo em terreiro de origem nagô, que trazia no seu cadebal cultural um dos temas que me mobilizam - o mito. Tentei perceber se essa resistência tinha se dado também pela utilização de processos pedagógicos que utilizassem o mito como um dos seus propulsores.

Assim. estava aliando um tema que precisa ser melhor estudado na região sul da Bahia, no que se refere ao significado das culturas de diferentes povos na sua formação cultural, bem como um interesse epistemológico da dimensão pedagógica do mito na resistência cultural do Ilê Axé Ijexá. Várias indagações estarão permeando esta pesquisa para tentar compreender qual a importância pedagógica do mito para aquela comunidade em seu processo de resistência cultural.

Para esse intento, eu teria que pontuar: qual a concepção de mundo vigente no Ilê Axé Ijexá? Quais paradigmas sustentam uma visão de mundo? De que forma ocorrem a apreensão e transmissão do conhecimento? Como se aprendem os fundamentos culturais através do seu valor fundante, o mito'? Quais as marcas de especificidade desse conhecer? Existe uma relação entre o entendimento contemporâneo de ver a realidade e o jeito afrobrasileiro de compreender a existência'?

Esses questionamentos partem da compreensão de que a comunidade Ilê Axé ljexá, na qual se situa esta pesquisa, é um espaço de cultura comunitária que realiza um percurso existencial diferenciado dentro da sociedade brasileira, construtora de um modo singular de conhecer, aprender e transmitir valores, crenças, a partir de uma visão de mundo que tem como suporte básico a -presença do mito, sendo vivenciado no seu cotidiano.

A heterogeneidade de expressões pode ser compreendida como uma conseqüência da própria situação do homem como ser complexo no mundo. No bojo desses questionamentos, o conceito de razão está se ampliando para abarcar outras dimensões, outras visões que consigam dar conta de abordagens que vislumbrem posturas diferenciadas de compreensão da realidade.

A abertura para uma nova razão é apontada por Bachelard (1978), tendo na imaginação a própria essência do espírito humano, ao coloca-lo como motor do conhecimento. A imaginação, segundo Bachelard, é quem dá dinamismo às atividades do homem, à atividade racional e à atividade onírica. Ele coloca que a diferença entre a atividade racional e a artística, por exemplo, é apenas uma questão de método. O homem, para ele, é um ser demiurgo, ou seja, instaurador de novas realidades, alertando que a razão e a imaginação não são atividades dicotômicas, mas participam juntas das realidades criadas pelo homem. Considerando essa perspectiva bachelardialla por uma razão abrangente, que reconheça as várias dimensões da realidade, é que estarei pontuando este trabalho.

O MITO NASCE COM O ESTAR NO MUNDO

A proposta racionalizadora que tentou abarcar toda a compreensão do fazer humano encontrou, no mito, uma grande resistência, pois não foi possível dobrá-lo a uma determinada lógica, exatamente porque o mito vai se expressar de outra forma, e de uma outra maneira conceber o real. Pode-se até dizer que há outra lógica que o constitui, uma outra razão. Os trabalhos recentes sobre o tema têm demonstrado que a estrutura da mentalidade dos povos tanto é composta do elemento mítico como do racional. É Leenhardt (1987). que nos diz não haver anterioridade do mito em relação ao racional e, conseqüentemente,a razão não vem posterior ao mito como redentora de povos aprisionados pela ingenuidade mítica. A razão e o mito foram constituídos desde o início da história da humanidade como modos distintos e, ao mesmo tempo. integrados de conhecer.

A partir do momento em que se estabeleceu a hegemonia do discurso racional, rompeu-se a integração dos modos de conhecimento e estigmatizaram-se, em concepções menores, os outros saberes que não podiam ser apreendidos por um único direcionamento pela via da supremacia da razão. Nessa abordagem, a dimensão mítica da cultura humana foi, por muito tempo, olhada com desconfiança.

Esse pensamento também encontrou um chão fecundo no pleno apogeu do cartesianismo que se fundamenta na exaltação de querer encontrar a distinção e a clareza das idéias, até não haver dúvida alguma num determinado campo de saber. É uma pretensão de um rigor matemático a que o mito não se adaptou, porque ele é originário de outra lógica do conhecer, que se expressa pelo campo da imaginação simbólica. Durand (1997:18) vai apresentar que

> O imaginário – ou seja, o conjunto de imagens e relações de imagens que constitui o capital pensado de homo sapiens – aparece-nos com o grande denominador fundamental onde se vêm encontrar todas as criações do pensamento humano.

É um pensamento que se alarga para dar conta da heterogeneidade, da diversidade. A razão será vista como uma das dimensões, sem haver o predomínio de um elemento único que se sobreponha aos demais, mas uma interação dinâmica entre os vários olhares. As várias abordagens proporcionarão pontos distintos, diferentes, embora intercambiáveis.

Diante dessas novas posturas, Durand (1996) traz uma contribuição ao atentar para a interação do humano e do cósmico para a formação de imagens que, segundo ele, têm o imaginário como dinâmica subjacente às produções do homem. Tais produções surgem em discursos, notadamente através das elaborações míticas que estão em todos os âmbitos das construções sócio-hsitórico-culturais. Nas diversas épocas, existem os mitos que orientam e que modulam o curso do homem, da sociedade e da história. Esses esquemas, segundo Durand (idem), são simbólicos e coletivamente aceitos.

O MITO FUNDA UMA CULTURA

O mito, para as comunidades de tradição africana, está presente no seu modo de ver a vida, sendo um elo com outras dimensões da realidade. Eliade (1996:53) salienta que "um mito narra os acontecimento que se sucederam in princípio, ou seja, "no começo", em um instante primordial". Esse pensamento encontra um ponto de contato com o viver da comunidade Ilê Axé Ijexá, pelo seu incessante cuidado de não se distanciar da sua origem sagrada, traduzida nos relatos míticos.

Na cosmologia africana tradicional, o homem está inserido num contexto de relações espirituais que advêm do ser supremo, Olorun. A vida do homem na terra tem uma íntima relação com o seu criador, é uma união ontológica, uma ligação estreita entre o homem e o ser supremo. Os laços estabelecidos são duradouros e respeitados durante toda a vida. Essa união pode ser perfeitamente percebida nos atos da comunidade que se reportam ao criador através de Oxalá, o criador dos seres no mundo.

O mito nessa comunidade, compreende as verdades que são simbolizadas e que revelam os princípios originários da cultura. O mundo foi criado pelos princípios masculino e feminino Obatalá e Oduduwa precisaram desempenhar papeis específicos e, ao mesmo tempo, integrados, para que o mundo fosse criado. Seguindo essa concepção de vida, as comunidades nagô nunca se distanciaram de sua origem, traduzidas nos relatos míticos:

> Contam os mais velhos do terreiro, que Olorum deu o saco da existência para Obatalá vir criar o mundo. Ele veio, mas não podia beber vinho de palma, porque era proibido. Porém ele não resistiu, e terminou bebendo o vinho porque estava com muita sede. Em conseqüência, caiu em sono profundo. Olorum não vendo o mundo ser criado, mandou Oduduwa vir saber o que estava acontecendo. Quando ela chegou encontrou Obatalá embriagado e o saco da existência caído. Ela pegou o saco para saber o que tinha dentro dele e, quando o abriu, a existência se fez.

O mito se concretiza nas histórias, lendas, contos, casos, seja nas orações, nos rituais, nas oferendas, na arquitetura, na vestimenta, no comer, no dizer, no dançar, no cantar, pois o mito não se expressa apenas no discurso lingüístico, mas em inúmeras construções textuais que se explicitam nos vários espaços do fazer humano, através de uma infinidade de formas que a criatividade humana propõe cotidianamente.

O mito torna-se um ponto de apoio que possibilita a compreensão da visão do mundo, das relações sociais. No viver cotidiano de Ilê Axé Ijexá, os sujeitos entrecruzam informações, propõem uma filosofia de vida e relação de poder pela presença do mito na vida da comunidade. Essa dimensão se realiza na interdependência com as demais formas de elaboração de conhecimento. O mito que narra Iemanjá como senhoras das águas salgadas, por exemplo, é ritualizado através de formas estético-gestuais do dançar para simbolizar as ondas do mar que vêm, vão e que se espalham na praia, símbolos de uma construção mítica da imensidão do amor de mãe que sempre está de braços abertos, à espera do filho.

A linguagem mítica perpassa o cotidiano, nos aproximando dos nossos desejos e nos ligando ao cosmo e, como nos diz Béjart, o mito pode ser expresso pelo seu fazer – a dança, que exprime simbolismo mítico nos movimentos rítmicos e no gestual presentficados no palco. O mito pode ser encontrado nas mais diferentes relações, quer sejam familiares, com os amigos, na política, nos textos religiosos, na academia e/ou nas mais distintas expressões humanas.

A compreensão que temos de mito, hoje, é de coloca-lo na mesma dimensão axiológica dos outros saberes. Etimologicamente, o termo vem do grego mythos, latinizado para mythus significando discurso, uma fala, e salienta Rocha (1985) que as sociedades exprimem contradições, dúvidas, paradoxos e inquietações através e com os mitos na sua situação de "estar no mundo".

O ILÊ XÉ IJEXÁ NO TEMPO E NO ESPAÇO

Para que a concepção mítica e seu processo educativo no Ilê Axé Ijexá seja compreendida num universo sócio-histórico, convém situar historicamente a nação Ijexá no espaço e no tempo, movimento esse que irá relacionar-se com a história de povos africanos na Bahia. Na cidade de Itabuna, foi fundada uma comunidade de tradição Ijexá – O Ilê Axé Ijexá Orixá Olufon, uma organização religiosa, situada ao Sul da Bahia, num sítio. em um alto Bairro Santa Inês, com cerca de 100 participantes. Foi fundada oficialmente, em 1975, mas com um passado histórico ancestral bem anterior que transcende. as datas dos registros formais. A história deste terreiro, na fala do seu líder, o Babalorixá Ruy do Carmo Póvoas, que recebe no terreiro o nome nagô de Katulembá, tem início

> quando Mejigan, sacerdotista de Oxum em Ilexá, na África, é trazida à força para o Brasil com outros membros da sua comunidade. E de Salvador, onde os capturados eram postos à venda, essa escrava vem para o Engenho de Santana, em Ilhéus. Depois, ela é libertada e aqui, no Brasil, ela tem filhos. Um desses filhos foi Maria Figueiredo, mãe de Ulisses do Carmo, que foi pai de Maria do Carmo e Maria do Carmo era minha filha mãe. Minha mãe e minha tia contavam que ainda conheceram Mejigan, já centenária, que no Brasil foi batizada com o nome de Inês. Lembram dela como uma senhora muito idosa que quase não andava. Mãe Inês contava para os seus descendentes as histórias de África, da nação Ijexá e falava do seu conhecimento, enquanto sacerdotista da Oxun, e dizia que tinha certeza que ela foi trazida para o Brasil porque aqui haveria de se fundar uma casa que conservasse as origens, as raízes, os valores e o axé do povo ijexá, do povo de Oxun. Durante muito tempo, as gerações após mãe Inês, sempre tiveram uma pessoa a quem as coisas eram confiadas, eram segredadas, eram ensinadas na esperança de um tempo que houvesse de vir e oferecesse condições para que essa Casa fosse fundada. Na geração que me antecedeu, houve uma mulher, chamada Geovanina, minha tia, irmã de minha mãe, que chegou a iniciar um terreiro, mas as condições adversas da época não permitiram que a sociedade nascente se desenvol-

> vesse. Na geração seguinte, que foi a minha, eu fui a escolhido pelos orixás para ser portador desse axé, dessa herança e desse odu, isto é, destino. Para não contar minha história pessoal que se confunde muito com a história deIjexá, o terreiro foi fundado em 1975 e existe até hoje. Mas é preciso cruzar essa história com uma outra história: eu, para ser iniciado, precisei procurar uma mãe de santo da mesma nação e aqui no sul da Bahia, não existia casa Ijexá. Então eu fui orientada para ir a Nazaré das Farinhas, para encontrar uma Ialorixá, Maria Natividade Conceição, que era mãe de santo da nação Ijexá. Ela era filha de santo de Emília de Xangô, que era filha de Flaviana. Maria Natividade era filha direta de escravos, os pais dela vieram ainda jovens da África e ambos eram da nação Ijexá. Foi com Maria Natividade que eu me iniciei na parte ritualista até receber o deká. Depois que eu estava feito, após ter cumprido os rituais, foi que eu fundei o terreiro Ilê Axé Ijexá no bairro de Santa Inês.

A história do Ilê Axé Ijexá está presente em cada participante do grupo, em cada canto do terreiro, que é cuidado com esmero e dedicação. É um oásis de verde, numa cidade marcada pela dureza da inexistência da áreas de preservação ecológica e de convivência. No IIê Axé Ijexá, respira-se o ar fresco que vem de todos os lados: "aqui me sinto bem, esqueço tudo e passo a conviver com meus irmãos nesse cantinho que é de nós todos, por isso temos que zelar por ele, aqui é nossa vida." (ZEFINHA, feirante, 16 anos de terreiro, abian).

Há árvores da tradição africana, árvores nativas, arbustos e flores. O obi, fruto indispensável nas cerimônias, existe em abundância pela presença do obizeiro, o mesmo acontecendo com o orobô e existem ervas medicinais em quantidade suficiente para todos os que lá acorrem. A preocupação com o ambiente, a limpeza. é algo incorporado por todos da casa: "Oxalá gosta do silêncio, da brancura e da organização, por isso tudo aqui tem que ser limpo e bem arrumado e tem que ser feito com muito cuidado porque ele não gosta de pressa". É uma constante se ouvir, de todos, esses mesmos argumentos. Fazer bem feito bem, feito está, no âmago da comunidade.

Pisar no chão do terreiro Ilê Axé Ijexá é participar de um ambiente cultural em que homem e orixá convivem, encontram-se, trocam segredos, ouvem conselhos, dançam, comem, brincam, se aborrecem, bebem, desejam, participam juntos das dores e alegrias. O espaço físico se adensa com a convivência do humano e do orixá, em permanente troca de aprendizado. Essa relação mantém na memória dos filhos da casa, uma história de luta e crença pela presença dos mitos originários e de toda uma gama de incompreensões aos seus ideários, presente na fala de Janilê, ekedi de Oxalá:

> "Essa comunidade, posso dizer agora, é o parente que eu tenho. Sinto-me muito bem e todos me tratam bem, eu não tenho o que dizer". Quando abriu esse Ijexá aqui, isso aqui era uma capoeira enorme, os homens cortando o mato com facão e a gente passando por debaixo. Tem muita gente que não entende o que a gente faz aqui em cima e tem até medo. Viver aqui é uma beleza. Estou no candomblé porque o candomblé precisa de mim e eu preciso do Candomblé".

A fala de Janilê, aposentada, uma ekedi, mulher encarregada de cuidar dos orixás durante a incorporação, uma senhora doce e suave, aparentemente frágil, mas de uma força extraordinária que o peso dos anos não impede de ter prazer no trabalho diário e de receber a todos, sempre com um sorriso.

Janilê, que já é tataravó, é um símbolo de resistência e o testemunho de que a comunidade forte se faz presença e de forma marcante, numa região que têm proposta antagônica às concepções de um modo de vida comunitário.

Terreiro de candomblé é um composto de todo um complexo físico/humano/cultural.através das práticas, das relações, dos valores que são permeados por um complexo simbolismo, resultado de uma construção afro-brasileira. De acordo com Siqueira (1994:62), quando ela nos diz que o terreiro é:

> espaço mítico: guarda divindades e o assentamento dos Orixás. Apóia-se na própria comunidade para renovar-se com circulação do Axé, estabelecendo normas de pertencimento, uma vez que a hierarquia, no exercício, de suas funções rituais, perpetua a simbologia, a ritualidade e a organização. Tudo isso é sustentado por rigoroso programa de trabalho e aprendizagem, revivendo mitos e celebrando rituais.

A educação brasileira não pode mais ignorar outras perspectivas educacionais que há tanto tempo permeiam nosso território cultural.

E é a esse desafio que a educação brasileira precisa estar atenta. O paradigma da complexidade, para Morin, pode ser entendido como aquele que tece junto, religa, rejunta. Alerta Almeida (1997:36) que "é o sentido de "tecer junto" que permite relacionar estreitamento e os campos nacionais – cultura, cognição e complexidade". Partindo dessa perspectiva. Alemeida (idem:38) coloca:

> Mesmo reconhecendo as competências disciplinares no tocante aos estudos da cognição, há que, se assegurar o espaço de interconexão entre esses saberes como a única forma de não reduzir a cognição a algumas de suas faces – genética, psíquica, social. É nesse momento de religação das área disciplinares que se terá de executar um pensamento transversal, transdisciplinar, que possa operar a superação da noção de totalidade em favor de um pensamento mais totalizador, mais ampliado.

A noção de aprendizagem, portanto, terá que considerar os aspectos culturais, simbólicos, genéticos, psíquicos comunicacionais e, como alerta Almeida (idem), a complexidade e um atributo de qualquer estado material e abrange todas as relações sócio-históricas, compreendendo que nenhum aspecto poderá ser ressaltado em detrimento de outros. Isso implica numa concepção educacional alargada, que compreenda o fazer educacional como uma rede, interligado simultaneamente às várias dimensões da realidade.

A visão de mundo nagô e sua compreensão de aprendizagem, nos permite encontrar pontos de ancoragem com o olhar educacional pela perspectiva de conhecer/aprender pela via da experiência comunitária que provém de uma cultura não-disjuntiva. A aprendizagem do terreiro é construída, principalmente, através do respeito às tradições e um jeito peculiar de aprendizado e transmissão de saber que religa permanentemente o homem à totalidade da vida.

> "Vivo em lugares: o da sociedade civil, do trabalho, da escola e aqui em cima onde se aprende a religião e o sentimento de comunidade. Aqui no sítio, aprendi o que é viver em comunidade, tão difícil de se ver lá na cidade. A gente tem que aprender a viver nos dois, mais eu gosto muito daqui." (AJAGUNAN, professor, 23 anos de terreiro, alabê).

Viver em dois ambientes é saber situar-se em dois mundos significativos. sendo que as pessoas do terreiro percebem a importância dessas duas realidades sociais e têm uma visão clara da separação em termos de proposta de vida. São sujeitos/cidadãos que participam integralmente de dois contextos sócio-culturais. Cada um é um duplo social carregando em seu modo de estar no mundo construções distintas embora os espaços para um situar-se estejam dinamicamente sofrendo influencia recíproca, o que não impede a especificidade de cada realidade.

Seus membros participam do mundo civil em que os ideais de hegemonia do racional ainda predominam, mas, no Ilê Axé Ijexá compactuam com a opção por um caminho pela via de tradição africana. Para essa comunidade, a relação com o sagrado é um conceito que dá suporte ao modo de perceber a vida e que singulariza as suas ações:

> "Somos confrontados por uma gama de diferentes identidades {cada qual nos fazendo apelos, ou melhor fazendo apelos a diferentes partes de nós), dentre as quais parece ser possível fazer uma escolha.
>
> O mastro é o axé da casa. Uma pessoa que não entende olha e diz que ali é um pau, mas os que entendem sabem que ali é o axé da casa. Ali está o assentamento da casa. Cada orixá tem o seu canto e os seus assentamentos, o barracão é para receber a força do axé".

A fala de Ijenan evidencia a dimensão pedagógica do simbolismo mítico. permeada dos aspectos sócio/cognitivos/psíquicos afetivos. As formas espaciais no terreiro estão nos remetendo a todo instante para a importância do imaginário na aprendizagem, cujo intrincado de relações, que compõe o terreiro, está relacionado aos mitos referenciais. Salienta Pilta (1997) que o mito não é uma coisa e o imaginário é outra, o mito é sim, como diria Durand. uma expressão do imaginário construído sócio-historicamente. É através do aprendizado diário, a partir dos referenciais míticos, que o processo educacional dessa comunidade se concretiza em todos os atos cotidianos.

Nesse entendimento a realidade social do sujeito é enfatizada por ser ela um locus oriundo das relações de poder das afetividades ou das racionalidades. O processo pedagógico envolve os entremeios, recortes pontuações que se formam nos jogos de subjetividade/objetividade na construção espaços pedagógicos híbridos e abertos. Segundo Giroux (1995:

157), é fundamental a construção de "um espaço onde as identidades individuais encontrem significado na expressão coletiva e na solidariedade com outros/as".

Seguir o caminho apontado e optar por um trabalho educacional que perceba a realidade em constante dinamismo processual é resultado de uma construção coletiva.

Os valores vivenciados no terreiro não estão finalizados, eles vão construindo socialmente, em suas expressões toda, uma produção de conhecimento mais integrador, mais abrangente, colocando o estudo da dimensão pedagógica do mito, como um dos temas que pretendem contribuir para a participação da presença de outro olhar cultural. Revalorizar as marcas da nossa própria cultura, ainda não compreendidas e respeitadas é mais que um simples exercício de memória é sim um posicionamento com as concepções de cidadania, respeito às singularidades, ampliação da concepção de conhecimento, revisão de posturas e paradigmas. do papel da educação e das suas agências. entre elas a universidade brasileira.

Na concepção atual de universidade está implícita uma concepção pedagógica que requer um novo entendimento do papel do educador no mundo contemporâneo. As universidades estão procurando transformar-se em espaços para troca, intercâmbio e respeito entre os vários modos de compreensão da vida. Percebe-se, já na academia, um trabalho de discussão da necessidade de redimensionamento da produção de conhecimentos. Diante dessa atitude, que se esboça no mundo inteiro, torna evidente o respeito às várias modalidades de concepção da vida e dos sujeitos históricos. afetivos, passionais. racionais, cognitivos, imaginativos, o(a) outro(a) que também é cada um de nós.

O mestrado de educação da UFBAlUESC coloca-se como um espaço de debates para a superação de uma visão educacional marcada pelas visões dicotômicas. O que se está pontuando nesse momento é a vigência da necessidade de se colocar uma nova pedagogia que abarque as singularidades no mundo plural em que vivemos. O próprio Núcleo de

Cultura e Educação é o esforço para se romperem preconceitos das visões reducionistas da realidade. Ir ao terreiro de candomblé. para aprender um modo diferenciado de viver é o gesto acadêmico de se trabalhar com parâmetros mais abrangentes e alargados sobre a dimensão educacional, que não se diz por si só. mas no intrincado relacional com todas as dimensões do conhecer frete ao mundo e a vida.

TRAMAS E REDES, FIOS QUE TECEM O SOCIAL: Um olhar sobre Lençóis, na Chapada Diamantina, Bahia

Maria do Carmo Araújo[1]

INTRODUÇÃO

A ponte não é de concreto.
Não é de ferro, não é de cimento
A ponte é até onde vai meu pensamento.
A ponte não é para ir nem pra voltar.
A ponte é somente atravessar
Caminhar nas águas desse momento.
Nagô... Nagô... Na Golden Gate.
Lenine

Querer compreender o que se passa no mundo contemporâneo, significa estar disposto a encontrar-se não só com novas formas de convivência humana, mas a coexistência com maneiras de vida que permanecem, e, também, arriscar-se ante a imprevisibilidade existente. Da mesma forma, também ficar perplexo ante a complexidade com que se apresenta esta contemporaneidade, que parece mais negar que confirmar as certezas sobre o mundo, previstas pelos avanços da técnica e da ciência alcançados com o advento da modernidade, como imaginavam os iluministas, confiantes que, impulsionados pelo conhecimento, seria possível controlar a realidade em benefício dos interesses humanos.

---

[1] Professora da Universidade do Estado da Bahia-UNEB e Doutoranda em Sociologia pela Universidade Federal da Paraíba.

São inegáveis, realmente, os avanços técnicos e científicos; constata-se, no entanto, que o conhecimento e as conquistas obtidas, geraram mais inseguranças, incertezas e riscos ante a própria natureza, e as riquezas materiais que não foram socialmente distribuídas, acirrando, ainda mais, os conflitos sociais (GIDDENS, 1994). Porém, atento ao convite de Souza Santos (1996), essa perplexidade pode tornar-se produtiva, mesmo diante dos desafios e das incertezas que se apresentam, se forem vistas as expressivas experiências que vem sendo desenvolvidas localmente, mas articuladas globalmente, estimulando uma nova sensibilidade e sociabilidade, táteis por excelência, que podem gerar novas formas de vida social.

No contexto dessa nova sociabilidade procuro, neste texto, captar algumas imagens das veredas, tramas e redes tecidas por atores que constituíram o movimento social Avante Lençóis, no município de Lençóis, na Chapada Diamantina, Bahia. Este movimento formou-se a partir da mobilização e organização de segmentos da sociedade civil, em protesto contra a administração pública municipal, que, articulada neste movimento, resultou no "impeachment" do prefeito. Depois, por outros atores que foram se agregando aos trabalhos, desencadeados a partir deste movimento, na perspectiva de criação social, onde a imaginação, solidariedade e o fazer coletivo constituíram seus principais alicerces.

Como nos versos de Lenine, vendo a ponte como metáfora da travessia, também me aproprio do seu olhar dirigindo-o sobre o movimento social Avante Lençóis, enquanto momento de passagem e, ao atravessá-la, como por todas partes há caminhos, sempre se está na encruzilhada (BENJAMIN, 1994). Qual caminho escolher? São tantos e nestes ainda aparecem estradas vicinais! Assim, esse Movimento abriu veredas para impulsionar ações de mobilização cidadã, para constituição de uma sociedade civil mais ativa e florescimento de novas sociabilidades engendradas na solidariedade, relações de pertencimento e de novas identidades, apontando para um projeto de sociedade onde se percebem não somente as dimensões macro, mas as esferas menores, reticulares, numa composição em rede, dando ênfase aos "pequenos" atos humanos e também fazendo renascer a imaginação criadora, conforme Bachelard, a imaginação, "aliada a vontade, é poder de criação".

Percebo o movimento social Avante Lençóis, como uma ponte que possibilita as travessias entre as diversas veredas. A travessia foi feita de forma coletiva, movida por idéias que denotavam, num primeiro momento, certa homogeneidade e, de fato, isso ocorria, pois os diversos atores que dele participaram, tinham um objetivo comum, forçar o poder público local a prestar contas da responsabilidade para a qual havia sido eleito, exigiam integridade e transparência em todos os níveis, não sendo atendidos, foi destituído, depois de mais de um ano de batalha. Vencida a luta, os atores sentaram-se num canto e perceberam as encruzilhadas apontando várias veredas; houve dispersão, conflitos, rearticulações. Num outro estágio, a rede do Movimento foi-se desfazendo, mas restaram os fios, foram rejuntando-se em outro tipo de tecido, agora em ONGs e outros movimentos e associações que se constituíram em Lençóis.

Embora se reconheça a importância que tiveram e continuam tendo as diversas associações que se formaram depois da institucionalização do movimento social Avante Lençóis, assim como, de algumas já existentes, não analisarei, especificamente, nenhuma delas, procurarei mostrar algumas atuações de entidades e percepções que algumas pessoas têm, não só sobre os trabalhos desenvolvidos, mas o que eles representam como possibilidade de re-criação de uma rede social, a partir mesmo do local, de traços socioculturais já existentes, onde os vínculos criados possam ser uma pulsão que articule vontades que guiem à criação de um Projeto visando uma sociedade mais justa e solidária.

Elejo como principal conceito orientador deste texto, o de sociabilidade, procurando articulá-lo com dados empíricos e secundários, baseada no ensino de Bachelard, para quem "pensar cientificamente é colocar-se no campo epistemológico intermediário entre teoria e prática". (BACHELARD, 1984:5).

CONFIGURAÇÃO DE LENÇÓIS

Como o olhar deste trabalho volta-se, de forma mais específica, para uma realidade social espacialmente delineada, o município de Lençóis, é importante que se apresente alguns dos traços da sua configuração histórica, social e cultural mais significativos.

A cidade de Lençóis está situada na Chapada Diamantina, no Estado da Bahia, a 410 km de Salvador, capital do Estado. A história do seu povoamento data dos fins do século XVIII e início do século XIX, inicialmente por colonos e mineradores. A partir de 1844, quando é descoberta uma jazida de diamantes, o povoamento se consolida com a chegada de garimpeiros e comerciantes (CAR, 1997).

Até recentemente, a história de Lençóis girou em torno do garimpo. O próprio nome do município teria sua origem nos panos brancos com os quais os garimpeiros cobriam suas tendas. Com o diamante, o município ganhou expressão econômica, mantendo laços comerciais e culturais com a Europa, sendo, inclusive, instalado na cidade um sub-consulado da França. Essa época, de grande riqueza, produziu a aristocracia que vivia em casarões imperiais, reproduzindo hábitos europeus.

De acordo com dados do IBGE, atualmente, sua população gira em torno de 10 mil habitantes; sendo 51% de mulheres e ainda 53% da população total vive no meio rural. Há um contingente expressivo de turistas que compõem a população flutuante, em torno de 900 a 1900 pessoas.

Do ponto de vista econômico, as principais atividades, de forma predominante, estão vinculadas ao setor primário: agricultura, basicamente alimentar, pecuária, extração de madeira. É relativamente recente o impulso que o turismo vem apresentando, embora a cidade tenha sido tombada como patrimônio histórico pelo Instituto do Patrimônio Histórico e Artístico Nacional, em 1973.

A atividade do garimpo foi proibida em 1988, em conseqüência do uso de dragas, que utilizam substâncias poluentes.

Em decorrência disto, diminuiu o mercado de trabalho, provocando o desemprego direto para 300 garimpeiros, reduzindo também atividades no comércio local, principalmente de gêneros alimentícios, aumentando a mendicância, notadamente a infantil. Conforme o IBGE, mais de 55% das famílias do município foram classificadas como indigentes. A renda familiar total, considerando o pagamento de benefícios do INSS, representou, em 2001, cerca de 80% da renda total do município. Sua estrutura fundiária segue padrões de alta concentração, conforme modelo brasileiro. É grande o número de posseiros, porém não se tem registro de conflitos por terras.

Não há desenvolvimento industrial no município. O que existe são pequenas fábricas para produção de massas caseiras, como bolos e pães, casas de farinha e produção artesanal de alguns alimentos: doces, geléias, sequilhos, licores, etc, além da fabricação de peças em madeira e pedras vendidas aos turistas. O comércio é pouco diversificado, embora haja algumas lojas que se pode considerar mais sofisticadas, que são propriedades de pessoas de fora, geralmente artistas que se encantaram com a cidade, aí se instalando para morar.

Embora o setor do turismo ainda não possa ser considerado como grande gerador de divisas para o município, é a atividade que mais gera postos de trabalho. Segundo a prefeitura, estima-se que esta atividade emprega 1.200 pessoas, entre postos de trabalho diretos e indiretos.

Os serviços públicos são precários, principalmente os que se referem a esgotamento sanitário, limpeza pública, abastecimento de água, o que pode parecer um paradoxo, uma vez que o eco-sistema da região é formado pela beleza e abundância dos seus rios e cachoeiras. No que diz respeito à educação, até 1996, a rede pública era bastante precária, com oferta insuficiente de vagas, de instalações, superlotação das salas, falta de alimentos para merenda escolar. Posteriormente, foi possível melhorar o sistema e fazer a recuperação física das instalações, a partir das ações coletivas empreendidas pelo Movimento Avante Lençóis.

Quanto à sua representação política, como acontece na maioria dos municípios brasileiros, seus dirigentes são de origem das famílias mais tradicionais, ou são apoiados por elas. São filiados aos partidos mais conservadores, aliados ao grupo político que detém o poder do Estado. Apesar disto, surgem possibilidades de alterações neste quadro, pois a população está mais vigilante. Ainda faz parte da memória da população local, o movimento que resultou no impedimento do prefeito, em 1996, além do que há possibilidade de mudanças, com o surgimento de novos nomes ligados a legendas mais progressistas, como PT e PV, com apoio de lideranças das Associações locais.

Do ponto de vista cultural, o município recebeu influência de várias culturas, relacionadas às tradições de origem dos imigrantes que ali se instalaram, como árabes, judeus, franceses, ingleses, alemães, africanos que vinham ainda como trabalhadores escravos ou servis libertos, e mineradores de outras regiões do Brasil, principalmente Minas Gerais, trazendo suas tradições, compreensões de vida e religiosidade, compondo uma mestiçagem étnica e social, que formaria a povoação do município. Desta composição, há de se destacar, para interesse deste artigo, a forte presença da cultura africana que, até os dias atuais, das suas concepções do sagrado, não pela permanência da crença entre os seus adeptos, mas pela sua ressignificação incorporada no desenvolvimento dos trabalhos sociais, educativos e culturais realizados pelas associações existentes no município, na perspectiva de um Projeto de criação social.

POR UMA NOVA SOCIABILIDADE

Uma das características fundamentais do sentido moderno do termo "sociabilidade", diz respeito à temporalidade. Nas formas emergentes de vida social, a efemeridade se contrapõe à permanência, fazendo com que os grupos sejam "formados" e "desfeitos" conforme as ocasiões que se apresentam, constituindo-se em agrupamentos que se "esgotam na ação" (MIDLEJ e SILVA, 1996). Assim, as funções sociais estabelecidas, passam a ser, nesse novo contexto, substituídas pelos papéis sociais voláteis (MAFFESOLI, 1987). Dessa forma, uma mesma pessoa pode viver diversas experiências e também pode pertencer a uma ou mais comunidade.

A sociabilidade exposta por Maffesoli (Ibidem, 1987), nessa reflexão, parece restrita ao instante, não se percebe uma perspectiva de Projeto, o que existe é a pulsão do estar-junto, o hedonismo do presente, que se desfaz no "momento seguinte", dada a fluidez da modernidade diluída (BAUMAN, 2003). No entanto, pode-se argumentar os novos moldes em que se apresenta o Projeto na contemporaneidade, implicam novas sensibilidades, constituído como uma utopia numa dimensão múltipla, bem distinta das idéias pensadas pelos marxistas, onde o Projeto para a sociedade seria protagonizado por uma classe "redentora" da História, com etapas previamente definidas, um estado final, sem levar em conta os afetos, incertezas e contradições humanas.

Contrariando este pensamento dogmático, Sousa Santos (2001), como também Maffesoli (2001), em obra posterior, recorrem a metáfora da "indolência", que impede transgredir o já instituído, para convocar a se pensar a destruição de idéias ou de teorias intransigentes, ainda que isso deva perturbar algumas sonolências dogmáticas e incita a exercitar o pensamento para vislumbrar caminhos que atendam às audaciosas contradições de um mundo em gestação. Emitir paradoxos. Um deles é a implicação emocional, a empatia com a socialidade e o fato de pensar com desapego (MAFFESOLI, 1998:13-14).

Sousa Santos ao fazer uma crítica aos moldes hegemônicos de pensar, faz apelo para a necessidade de recuperar a capacidade inventiva de pensar, de novas utopias, a partir, inclusive das coisas simples, porque são capazes de trazer uma nova luz à nossa perplexidade (Ibidem, 2001:59). Seu apelo pode até soar "romântico" para os mais céticos; no entanto, é perceptível como a volta ao prazer de uma vida mais simples, do estar-junto, da revalorização do local têm sido resgatadas, até como fortalecimento da sociedade civil.

Para Sousa Santos, baseado em sua experiência de análise sobre as "sociedades semi-periféricas" no contexto europeu, toma a imagem de Portugal para afirmar que aí, ao contrário do que o pensamento dominante apresenta, existe uma sociedade civil forte na sua riqueza em tecnologias familiares, tanto materiais como simbólicas, e em formas de sociabilidade face-a-face baseadas sobretudo no parentesco e na vizinhança (Ibidem, 1996:99). Como o horizonte do seu olhar é amplo, ele não deixa de reconhecer que esta mesma sociedade civil, pode ser considerada fraca, se o parâmetro de comparação forem os padrões das sociedades centrais.

A análise de Sousa Santos é pertinente, principalmente se pensar em termos da sociedade brasileira, formada também pelas contradições próprias de um país que vive, simultaneamente, vários estágios de desenvolvimento sócio-culturais, mas consegue demonstrar avanços inestimáveis no contexto da sociedade civil. Além do que, é importante refletir, não há, necessariamente, porque se tomar experiências das sociedades centrais como referência, deve-se, em primeiro lugar, levar em consideração as especificidades apresentadas em cada formação social. O que, no caso do Brasil, por exemplo, já foi demonstrado por estudiosos das diversas áreas do conhecimento, quando, entre outras abordagens, estudaram os movimentos sociais.

Pode-se, neste sentido, lembrar a capacidade demonstrada pelos diversos segmentos sociais, dos estratos mais baixos da população e dos trabalhadores, de também incorporarem aos conflitos sociais, enquanto estes ainda se processam, o sentido de festa como "anima", lugar de pulsão em direção a luta, mas também de solidariedade e animação, que brotam das idéias para se prosseguir em movimento. Como lembra Bakhtin,

> as festas (qualquer que seja o seu tipo) são uma forma primordial, marcante da civilização humana.

> Não é preciso considerá-las nem explica-las como um produto das condições e finalidades práticas do trabalho coletivo nem, interpretação mais vulgar ainda, da necessidade biológica (fisiológica) do descanso periódico. As festividades tiveram sempre um conteúdo essencial, um sentido profundo, exprimiram sempre uma concepção de mundo. Os "exercícios" de regulamentação e aperfeiçoamento do processo do trabalho coletivo, o "jogo no trabalho", o descanso ou a trégua no trabalho nunca chegaram a ser verdadeiras festas. Para que o sejam, é preciso um elemento a mais, vindo de uma outra esfera da vida corrente, a do espírito e das idéias (BAKHTIN, 1993:7-8).

RESSIGNIFICAÇÃO DA TRADIÇÃO

Ao se olhar para a sociabilidade que se desenvolve entre as pessoas e grupos em Lençóis, verifica-se as condições apontadas pelos autores referidos, onde as relações primárias estabelecidas vão além da cordialidade, ainda sendo muitos os espaços de confiança e solidariedade existentes, mesmo quando a população convive com a diversidade cultural trazida pelo contingente cada vez mais expressivo de turistas e dos meios de comunicação de massa.

Simultaneamente, as características culturais e religiosas provenientes dos africanos que ali chegaram, no início da formação do município, como também elementos culturais de outros grupos étnicos, são fios condutores dos trabalhos realizados por diversas entidades. Através destes referencias, estas entidades buscam mobilização para as ações, possibilitando o conhecimento da história local e a construção de processos identitários pelo re-conhecimento dos atributos culturais existentes ou atribuídos, procurando significado e espiritualidade enraizados na história e geografia (CASTELLS, 1999), fornecendo assim, substância para as ações que são desenvolvidas.

É importante destacar que em Lençóis, a presença da cultura associativa é uma forte característica da sua formação social. A organização do movimento social Avante Lençóis, de certa forma, muito deve a esta tradição da sua história. Com a vitória do movimento, em 1996, conseguindo-se o "impeachment" do prefeito, que era o objetivo da luta, houve sua institucionalização e passou a ser uma associação, agora denominada Associação Avante Lençóis. Este processo não foi tranqüilo, vivenciou momentos conflituosos e rompimentos entre seus membros, em conseqüência de divergências conceituais e metodológicas acerca das propostas e execução dos projetos, surgindo outras entidades, como a Associação Grãos de Luz e Apolen 14, todas elas formalmente constituídas hoje como Organizações Não-Governamentais - ONGs.

Na investigação que venho desenvolvendo, tenho percebido que, embora formalmente distintas, existe semelhança nos objetivos e na metodologia dos trabalhos realizados pela Avante Lençóis e Grãos de Luz, mas não há parceria. A distinção maior é a orientação adotada por cada entidade. Enquanto a Avante privilegia a formação dos jovens dando ênfase à política, a Grãos de Luz se volta para formação de educadores. Ambas, no entanto, trabalham na perspectiva de mobilização, formação e organização de segmentos da população, contribuindo para reativar os laços de pertencimento, sociabilidade e o fortalecimento da sociedade civil em Lençóis.

Com a institucionalização destas duas entidades como ONGs, há ampliação dos trabalhos e são definidas novas linhas de ação: participação popular nas políticas públicas; fortalecimento das organizações comunitárias: levantamento das organizações existentes, buscando-se a realização de ações conjuntas, de apoio ou complementares e educação para cidadania.

As experiências das duas associações têm como base ideológica e pedagógica, cultivar os conteúdos dos trabalhos com fios e tramas às vezes tecidas em lugares e tempos distintos, porém que estão "ali", como resíduos, conforme ensina Williams (1979). São certas experiências, significados e valores formados no passado, mas que se estendem e permanecem vivos em algo novo que está emergindo numa determinada realidade social, e podem ser ressignificados, de acordo com a imaginação dos indivíduos de determinado contexto social. São estes princípios que dão "anima" aos trabalhos e possibilitam integrar não apenas as pessoas pertencentes às entidades, mas envolver suas famílias e as comunidades do entorno social.

A atuação da Avante Lençóis envolve trabalhos pertinentes à formação das crianças e jovens adolescentes integrantes da entidade, buscando interação com a comunidade próxima, fazendo-a partícipe das diversas atividades que estiverem sendo desenvolvidas. Também como atores estão as famílias dos jovens, responsabilizando-os assim do movimento de interação social. Processo de criação social, que institui uma relação dialógica, permite a "fala" de todos e uma criação que não "se esgota na ação" (MAFFESOLI, 1987).

Além de aproximar-se e envolver as famílias dos jovens, a Avante Lençóis busca estabelecer alianças com a população urbana e rural, utilizando-se, para isso, dos meios de comunicação jornal e rádio comunitária, que são espaços não só de informação, mas de comunicação, no sentido primeiro que tem a palavra: comunhão, tornar comum, fazer comum. Tendo como meta societal, a formação de jovens gestores, para que se tornem lideranças críticas, atuem ativamente e com autonomia.

Os textos escritos para o jornal e também para a rádio, são produzidos coletivamente. A rádio é gerida por grupos de jovens, sua programação é feita pelos jovens gestores, representantes de grupos comunitários, coordenadores da associação e também de profissionais das áreas de saúde e educação, com programas de utilidade pública. Este procedimento faz superar o princípio da 'cultura separada": o que "sabe" e o que "faz"; do "saber científico" e do "senso comum"; do "mais velho" e do "mais jovem".

A pauta do jornal prioriza notícias das pessoas "simples" e do cotidiano, com espaço permanente de destaque para as pessoas da comunidade, contribuindo não apenas para publicizar seus trabalhos, mas para estimular sua auto-estima, procurando simpatia e aliança para cumprir sua missão: "mobilizar e integrar a comunidade de Lençóis po meio da comunicação e educação para cidadania".

O jornal reserva espaço para registrar histórias ou entrevistas das pessoas mais velhas do município, convida-as para entrevistas ou contar histórias na rádio comunitária, prestigiando não só um determinado segmento social e elevando sua auto-estima, mas utilizando um saber transmitindo-o de geração para outra, pela tradição e história oral, dessa forma, contribuindo para preservação da memória a partir das falas dos mais velhos, oferecendo-se assim, um meio de vincular o próprio ambiente presente a um passado mais amplo.

Por seu lado, a Associação Grãos de Luz prioriza a educação de crianças e jovens de famílias de baixa renda, baseado, de fato, no método Paulo Freire e forma ou complementa a formação dos professores da rede pública do município. Neste sentido, profissionaliza jovens com produção de trabalhos artesanais, cujo tema é a própria cultura local, agregando-os em cooperativa.

A Grãos de Luz tem produzido vídeos como meio de implementar ações educativas, não só no município, mas em grande parte da região da Chapada Diamantina, tendo como fio condutor da narração, elementos míticos da cultura da região, destacando-se o Velho Griô[2], Também vídeos das manifestações culturais locais, não só como apoio para os trabalhos educativos da entidade, mas como forma de registro da memória cultural local.

Esta associação tem conseguido dar bastante visibilidade aos trabalhos desenvolvidos e sua prática pedagógica vem

[2] O Velho Griô é uma figura mítica que existia entre comunidades africanas. Um velho contador de estórias que encantava todas as pessoas, principalmente as crianças. Surgia nos lugares de repente, "magicamente, do nada".

sendo adotada como referência em diversas do país. Sua presença nos meios de comunicação vai além do local, tendo inclusive, sido personagem principal de programas culturais e educativos de redes em cadeia nacional. Isto não tem significado, de forma alguma, alterações no conteúdo programático que são objetivos de sua existência. Tem, pelo contrário, contribuído para fortalecer a auto-estima dos jovens e adolescentes ao verem reconhecimento nos trabalhos desenvolvidos.

A capacidade que estas duas entidades têm demonstrado de mobilizar e organizar ações, tomando como princípio básico, a história e cultura local, é um dos fatores de maior reconhecimento pelas entidades mantenedoras dos projetos por elas desenvolvidos. A Grãos de Luz estruturou a Rede Cultural de Lençóis, com o objetivo de valorizar as manifestações populares, como os grupos de reisado, de marujada e de Sambas de Roda, sem perder de vista o que, simbolicamente, essas danças representaram numa determinada época do município e da região, e qual o seu sentido, no momento atual.

A Avante Lençóis integrou-se aos trabalhos de preservação ambiental da região, articulados pelo movimento Rede Barbados. Sua atuação vai além dos trabalhos meramente de fiscalização, prepara os jovens para estarem vinculados às diversas comunidades preparando-as para compreender a importância da conservação da natureza. A forma e persistência das ações são reconhecidas e premiadas, fazendo com que sua visibilidade também ultrapasse a dimensão do local.

Esta visibilidade "midiática" é vista com restrição por alguns teóricos e observadores dos movimentos sociais e de ações coletivas; no entanto, autores como Giddens (1994) e Stam & Shohat (1995), compreendem que as transformações agenciadas pelos dispositivos comunicacionais mediáticos, sobre o conceito de lugar, tempo, espaço, relações interpessoais, não apontam para ruptura radical de tipos de relações sociais. Para eles, há a possibilidade de, simultaneamente, existir as duas formas de relações sociais: as tradicionais, baseadas na comunicação face a face e as realizadas à distância, intermediadas por meio sociotecnológicos. Desta forma, o sentimento de pertencimento sendo comum a ambas, ao tempo em que a preservação da identidade não significará isolamento, conforme compreende Castells (1999).

Assim, se os meios de comunicação contemporâneos ensejam mudanças nas culturas tradicionais, não significa sua extinção, há uma dinâmica cultural que permite ao mesmo tempo o surgimento do novo, com a paradoxal permanência de elementos essenciais, que podem "tanto alimentar sonhos de ascensão social, como estimular lutas para mudança social" (STAM & SHOHAT, 1995:148). Para Giddens (1994), as mudanças que se operam na contemporaneidade, em parte como resultado da globalização, permitem falar na emergência de uma "ordem social pós-tradicional". Uma ordem pós-tradicional não é aquela onde a tradição desaparece – longe disso. É aquela onde a tradição modifica o seu status. Nela as tradições devem explicar-se e abrir-se ao questionamento ou ao debate (GIDDENS, 1994:11).

Neste sentido, pode-se compreender a dinâmica cultural destas entidades que atuam em Lençóis, assentadas em elementos essenciais (na religião, na dança, na música, linguagem, contos orais), convivem com o "global", "reinventam a tradição", sem contudo, perder de vista a criação dos projetos sociais voltados para o local, mas com capacidade de articular-se e relacionar-se com o "global".

Para Sousa Santos (2001), os caminhos apontados por experiências desenvolvidas por algumas ONGs, como estas, constituem o conhecimento-emancipação, que aspira "[a] uma teoria da tradução que sirva de suporte epistemológico às práticas emancipatórias, todas elas finitas e incompletas e, por isso, apenas sustentáveis quando ligadas em rede" (SOUSA SANTOS, 2001:31).

Ao lado disto, como lembra Chauí (1992), este processo contribui para dar sentido a memória, impedir o esquecimento do passado, porém compreendendo-o de forma política e crítica. Por outro caminho, este processo também pode ser compreendido como a metáfora da ponte, belamente imaginada por Lenine, é só atravessá-la com imaginação, para que se possa fazer a construção do presente e do futuro. Ainda é importante lembrar que, para Chauí,

> uma compreensão política da memória é atenta à diferença temporal entre o passado e o presente, é atenta à necessidade de liberar a memória e de explicitá-la para que o presente se compreenda a si mesmo e possa construir/inventar o futuro (CHAUÍ, 1992:43).

Sabe-se que a compreensão política, nem sempre está explícita nas falas dos diversos sujeitos quando estes rememoram fatos que foram da sua vivência cotidiana; também porque a compreensão política não deve ficar nos parâmetros fechados deste campo, vão muito além, incorporam atos da vida do homem simples, compreendem a própria cotidianidade, um saber da existência que se vincula ao emocional e afetivo, próprio às pessoas que sempre viveram num determinado local, mas que tem uma compreensão, que se costuma denominar de "senso comum", do qual o saber "especializado" procura manter distância. Mas, de acordo com Martins, "[o] senso comum é comum não porque seja banal ou mero e exterior ao conhecimento. Mas porque é conhecimento compartilhado entre os sujeitos da relação social" (MARTINS, 2000:59).

Assim, partindo desta compreensão sobre o senso comum, pode-se entender a importância que se dá à manutenção dos laços que ainda permeiam as relações sociais mantidas por membros de uma entidade, como por exemplo, a Associação União dos Mineiros - SUM, quando o garimpo praticamente já não existe no município de Lençóis, a não ser o clandestino. Este comentário se fundamenta na resposta de um dos seus membros para a questão: "Mas, então, para que mantê-la viva, "Sêo" Cícero?"[3]

> "Porque a gente não pode deixar que morra uma sociedade que ainda tem gente que se reúne para conversar, mas cuida também dos garimpeiros mais velhos que não tem mais como trabalhar. Quem pode paga 2 reais por mês, a gente junta e dá para ajudar na compra dos remédios e na compra dos caixões. Tem muita gente velha, tão morrendo, pobres e não se pode deixar de enterrar. Muita gente pensa que o garimpo acabou, mas não acabou não, ainda tem gente que pega diamante, mas de forma tradicional. Garimpar de draga foi proibido pelo governo, acho certo, porque estava poluindo, mas acho errado pegar de 'peneira'. Ainda consigo garimpar, não é fácil encontrar as pedras, mas às vezes dá sorte. A associação até hoje cumpre sua missão de organizar a festa do Senhor dos Passos, que é o padroeiro da cidade, e os garimpeiros criaram essa festa. Estava um pouco desanimada, mesmo assim não teve um janeiro que o Senhor dos Passos ficasse sem sua festa e os garimpeiros não carregasse o andor, mas este ano foi muito boa, todo mundo depois comentou da animação. A associação tem mais de 200 associados, nem todos são garimpeiros, porque qualquer um pode ser, basta ser bom cidadão."

O depoimento do Sr. Cícero é como uma paisagem entrecortada de tempos e lembranças. Da convivialidade e da relação de pertencimento com outros que fizeram parte da sua vida e do trabalho; de amizades que ainda permanecem e se concretizam nas conversas e encontros sociais. O empenho nos trabalhos que poderiam ser considerados meramente

---

[3] Sr. Cícero Moraes de Souza, 80 anos, garimpeiro (clandestino), um dos diretores da SUM. Depoimento dado em 04 de fevereiro de 2003.

beneficentes ou assistenciais, na realidade, constituem as razões para que a associação da qual faz parte, não perca sua razão de ser, como também, provavelmente, a sua vida.

Sua fala denota a relação de dádiva que se constrói e se estabelece entre grupos e pessoas, conforme a concepção de Caillé (2000), sobre o dom e a partilha, constituídas pela relação do dar, receber e retribuir, na qual também estão implícitas a amizade, simpatia, compaixão, misericórdia. Sentimentos que a razão da modernidade não conseguiu apagar da convivência humana. Sendo então plena de sentidos a preocupação de "ter dinheiro para pagar o enterro do garimpeiro". Quer dizer, dar dignidade ao último contato com àquele que, por tempos, foi colega de trabalho e parceiro na vida.

As relações sociais que constituem a dádiva, também são uma forma de socialização através do prazer propiciado em festas e comensais, tão comuns na convivência humana, mas tem um significado especial quando surge em situações particulares de doação, confiança e compromisso entre os pares, em forma de sociabilidades participativas, que reforçam os laços de solidariedade, por meio do símbolo da partilha. Podendo esta ser simbólica ou material, através da ajuda mútua, de providências que vão desde necessidades cotidianas materiais mais imediatas ou necessidade afetiva e de camaradagem, que reforçam ainda mais os laços sociais.

O saber ecológico inscrito no depoimento do Sr. Cícero, aproxima-se do que Martins (2000) considera "senso comum", conhecimento do homem simples, aquele que sabe que é preciso preservar a natureza, para que sua espécie sobreviva. Por isso ele concorda que não se deva garimpar utilizando-se draga, mas não se curva à proibição imposta, porque conhece formas de obter o diamante sem prejudicar a natureza e não adquiriu outras habilidades para executar outros trabalhos.

Através dessas concepções têm sido realizados trabalhos pelas associações referidas ao longo deste texto, buscando recriar as utopias para poder vislumbrar o futuro, a partir de um presente que se vincula ao passado, de forma mais criativa e solidária, descobrindo, por meio da imaginação, novas possibilidades humanas, tendo como suporte as coisas simples, sem negar os avanços técnicos e científicos, mas reconhecendo o conhecimento do senso comum, que é a base essencial da teia de significados da sociedade humana..

É neste sentido de existência das entidades acima referidas, que se pode entender a concepção de Castoriadis sobre o papel dos movimentos, das organizações sociais e das minorias para constituição do Projeto de uma sociedade autônoma como criação social. Sua dimensão de Projeto é essencialmente política e sempre em "devir". Ele afirma que o Projeto é o elemento da práxis e de toda atividade. É uma práxis determinada, considerada em suas ligações com o real, na definição concretizada de seus objetivos e na especificação de suas mediações.

SOCIABILIDADE E FORMA

A "tactilidade" e a "forma" são elementos presentes na sociabilidade contemporânea e, como foi visto nas páginas anteriores. São traços bem presentes nas ações desenvolvidas pelas associações em Lençóis. Traços que, para Maffesoli (1998), são indícios de uma sociabilidade viva o que, segundo este autor,

> "[...] existem momentos abstratos, teóricos, puramente racionais, e outros em que a cultura, no seu sentido mais amplo, é feita de participação e de ' tactilidade'. O retorno da imagem e do sensível, em nossas sociedades, remete certamente a uma lógica do tocar." (Ibidem, 1987:108).

Assim, o outro não é uma coisa distante, com o qual devo estar para construir uma sociedade futura e não menos abstrata. Numa relação social interativa, dialógica, diante de mim, o outro, como sujeito, se transfigura e passa ser aquele que toco, e com o qual faço alguma coisa, fortalecendo vínculos e ampliando a dimensão social.

A forma tactil passa a ser importante para moldar comportamentos, firmar identidades de idéias e saberes, tanto sociais quanto políticos. Nessas relações, ganham espaço a teatralidade, o lúdico, os encontros festivos, conferindo sentido ao pensamento de Duvignaud, para quem

> é também possível que a festa, cujo princípio foi eliminado pela produção econômica e o crescimento industrial descubra, no desenvolvimento estremado e paroxístico, uma oportunidade nova; que o acirramento dos componentes do moderno sistema técnico reencontre os elementos mais simples da ordem social anterior ao seu advento (DUVIGNAUD, 1983:213).

Pode-se constatar que, contemporaneamente, a festa readquire centralidade na vida das pessoas e dá ânimo na construção e desenvolvimento das lutas coletivas. Bakhtin (1993) é um dos autores que bem demonstra isto, na sua análise sobre as lutas populares travadas em ambiente perpassado em festas públicas, como o carnaval, onde a paródia era a expressão por excelência, em pulsões de vida, cujas formas, em sua essência, ainda fazem parte dos modos de expressão das organizações nas lutas atuais.

Também a compreensão de Simmel (1983), sobre a sociabilidade, assinala que as formas nas quais resultam o processo de sociação, criam os conteúdos e os interesses materiais ou individuais; estas formas existem por si mesmas, brotam porque são inerentes a condição do ser humano, fascinam pela liberação do laços que formam, "[é] isto precisamente o fenômeno a que chamamos de sociabilidade" (SIMMEL, 1983:168).

Nesta concepção, Simmel dá a entender que a "pura forma", constitui a "sociedade" verdadeiramente sociável, sem "outras qualificações". No entanto, conforme sua argumentação, um racionalismo superficial procura sempre a riqueza dessa realidade "apenas entre os conteúdos concretos", como não os encontra, "prescinde da sociabilidade como de uma tolice superficial" (Ibidem, 1983:169).

A argumentação deste autor permite compreender que os sujeitos e atores sociais que integram as ações coletivas dos diversos movimentos sociais, associações, etc., encontram nas formas simbólicas e lúdicas que constituem a sociabilidade, substância e vida aos trabalhos empreendidos, como, por exemplo, estão sendo feitos por associações em Lençóis. Aí poderão estar as expressões mais verdadeiras de cada indivíduo, coletivamente externando sensibilidades e afetos, em relações interativas, de "maneira vigorosa e efetiva". É instigante imaginar que daí poderá se instituir uma rede de sociabilidade com nós tão bem articulados, que as diferenças e conflitos não possam rompê-los. Ao contrário, como pensa Simmel (1983), eles sejam pulsão para se refazer trajetos e re-fundar uma sociedade mais solidária e também lúdica.

REFERÊNCIAS

ALVES, Delmar de Araújo; NEVES, Erivaldo Fagundes; SENNA, Ronaldo de Salles. *Bambúrrios e Quimeras: Olhares sobre Lençóis, narrativa de garimpos e interpretações da cultura.* Feira de Santana: UEFS, 2002.

ARAÚJO, Maria do Carmo. *Festa e resistência negra: o carnaval no contexto dos blocos afro Ilê Aiyê e Olodum, em Salvador-BA.* 1996. (Dissertação Mestrado em Sociologia), – Programa de Pós-Graduação em Sociologia, Universidade Federal da Paraíba. João Pessoa, 1996.

BACHELARD, Gaston. *A filosofia do não; O novo espírito científico; A poética do espaço. Os Pensadores.* São Paulo: Abril Cultural, 1984.

BACHELARD, Gaston. *A terra e os Devaneios da Vontade.* Ensaio sobre a imaginação das forças. São Paulo. Martins Fontes, 2001.

BAKHTIN, Mikhail. *A cultura popular na Idade Média e no Renascimento: o contexto de François Rabelais.* São Paulo: Hucitec; Brasília: UNB, 1993.

BAUMAN, Zigmunt. *Modernidade e Ambivalência*. Rio de Janeiro. Zahar Editor, 1999.

BAUMAN, Zigmunt. *Comunidade:* a busca por segurança no mundo atual. Rio de Janeiro. Zahar Editor, 2003.

BENJAMIN, Walter. O narrador. In: Obras Escolhidas. *Magia e técnica, arte e política*. São Paulo: Brasiliense, 1994, p. 197-221.

BENJAMIN, Walter. Sobre o conceito de História. In: Obras Escolhidas. *Magia e técnica, arte e política*. São Paulo: Brasiliense, 1994. p.222-232.

CAILLÉ, Alain. *Antropologia do dom: o terceiro paradigma*. Petrópolis: Vozes, 2002.

CAR – Companhia Regional de Desenvolvimento e Ação Regional/Governo do Estado da Bahia. *Plano de Desenvolvimento sustentável de Lençóis*. Salvador, 1997.

CASTELLS, Manuel. *O poder da identidade*. São Paulo: Paz e Terra, 1999.

CASTORIADIS, Cornelius. *A instituição imaginária da sociedade*. Rio de Janeiro: Paz e Terra, 1982.

CASTORIADIS, Cornelius. As encruzilhadas do labirinto/3. *O mundo fragmentado*. Rio de Jaaneiro: Paz e Terra, 1992.

CHAUÍ, Marilena. Política cultural, cultura política e patrimônio histórico. In: *O direito a memória: Patrimônio histórico e cidadania*. São Paulo: DPH. p.37-46.

DUVIGNAUD, Jean. *Festas e Civilizações*. Fortaleza. Edições UFCE; Rio de Janeiro: Tempo Brasileiro, 1983.

ELIAS, Nobert. *A sociedade dos indivíduos*. Rio de Janeiro: Zahar Editor, 1994.

GIDDENS, Anthony. *Admirável mundo novo: o novo contexto da política. Caderno do CRH*. n. 21. Salvador: Centro de Recursos Humanos - UFBA, 1994. p. 9-28.

MAFFESOLI, Michel. *O tempo das tribos. O declínio do individualismo nas sociedades de massa*. Rio de Janeiro: Forense Universitária, 1987.

MAFFESOLI, Michel. *A contemplação do mundo*. Porto Alegre: Artes e Ofícios, 1995.

MAFFESOLI, Michel. *Elogio da razão sensível*. Petrópolis: Vozes, 2001.

MARTINS, José de Souza. *A sociabilidade do homem simples: cotidiano e história na modernidade anômala*. São Paulo: Hucitec, 2002.

MARTINS, Paulo Henrique(org.). *A dádiva entre os modernos*. Petrópolis: Vozes, 2002.

MIDLEJ E SILVA, Suylan de Almeida. *O pertencimento na festa*. 1996. Dissertação (Mestrado em Comunicação) –, Faculdade de Comunicação, Universidade Federal da Bahia, Salvador, 1996.

RUBIO, Antonio Méndez. *La revolució invisible. La cultura como espacio de conflicto y resistencia. Voces y Culturas*. Revista de Comunicación, Barcelona, n. 15, p. 129-150, 2000.

SIMMEL, Georg. *Sociologia*. São Paulo: Ática, 1983.

SOUSA SANTOS, Boaventura. *Pela mão de Alice: o social e o político na pós-modernidade*. São Paulo: Cortez, 1996.

SOUSA SANTOS, Boaventura. *A crítica da razão indolente: contra o desperdício da experiência*. V. 1. São Paulo: Cortez, 2001.

SOUSA SANTOS, Boaventura. *Os processos da globalização*. In: SOUSA SANTOS, Boaventura. *A globalização e as Ciências Sociais*. São Paulo: Cortez, 2002.

WILLIAMS, Raymond. *Cultura e Sociedade*. São Paulo: Editora Nacional, 1969.

WILLIAMS, Raymond. *Marxismo e Literatura*. Rio de Janeiro: Zajar Editor, 1979.

NEGRAS IMAGENS:
Um estudo sobre o processo de construção de identidade de alunos negros da Escola Tereza Conceição Menezes no Bairro da Liberdade/Curuzu

Nanci Helena Rebouças Franco[1]

RESUMO

Este artigo apresenta os resultados de uma pesquisa sobre o processo de construção de identidade de alunos negros, numa escola de 1º Grau da rede pública de Salvador. O enfoque central foi perceber o trato que a escola oferece aos afro-brasileiros, diante de suas experiências anteriores: seus ancestrais, sua família, sua casa, seu cotidiano, suas comunidades, considerando que as relações estabelecidas dentro (e fora) da escola influenciam no processo de construção de identidade e na representação que esses alunos fazem de si mesmos. Para tanto foi desenvolvido um estudo de caso na Escola Tereza Conceição Menezes, onde foram usadas técnicas de coleta de dados como observação, entrevista e questionário. O referido estudo reitera que o processo de construção de identidade étnico-cultural de alunos negros é perpassado pela falta de informação desses alunos em relação à sua historicidade, o que compromete a aceitação de si mesmo e

1 Doutoranda em Educação pela Universidade Federal da Bahia (UFBA), Mestre em Educação (UFBA). Professora Visitante da Universidade Estadual de Feira de Santana (UEFS). Professora da Fundação Visconde de Cairu. E-mail: franco@atarde.com.br

consequentemente a sua relação com o outro e com o mundo à sua volta. Os alunos, apesar do discurso que mostra contentamento com a sua condição étnico-cultural, deram indícios das contradições existente entre o discurso e o que ocorre na prática efetiva. Isso ficou explícito basicamente no momento de definição de cor, onde os alunos a depender da situação se transformam em morenos, mulatos ou mesmo negros; mas também, diante das considerações em torno do que é considerado beleza, que basicamente se refere ao padrão europeu/branco em detrimento dos caracteres físicos mais aparentes entre indivíduos de ascendência negra. a exemplo da boca, do nariz e do cabelo.

Palavras-chave: Identidade. Étnico-cultural. Negro.

1. INTRODUÇÃO

A perspectiva inicial desse trabalho foi investigar como se dá o processo de construção de identidade étnico-cultural de alunos negros numa escola de 1º grau da rede pública em Salvador, mais especificadamente, a Escola Tereza Conceição Menezes, no bairro da Liberdade/Curuzu. O enfoque central foi perceber o trato que a escola dá aos afro-brasileiros, diante de suas experiências anteriores... sua casa, seu cotidiano, sua comunidade, seus ancestrais; considerando que as relações estabelecidas dentro (e fora) da escola influenciam no processo de construção de identidade e na representação que esses alunos fazem de si mesmos.

Nesse sentido, questiona-se: Como a escola influencia no processo de construção de identidade étnico-cultural desses alunos? Esta questão central se desdobra em algumas outras fundamentais para a sua compreensão: Como esses alunos se vêem? Como eles se relacionam com o(s) outro(os) colega, vizinho, desconhecido? Como se relacionam com os professores? E, finalmente, qual o papel dos professores no processo de construção de identidade?

Enfim, pretende-se mapear um caminho que mostre quem são esses alunos afro-brasileiros da Liberdade/Curuzu, como eles são, o que pensam, quais os seus medos, quais os seus sonhos, como está estruturada a sua família. Além disso, perceber se a escola incorpora na sua prática cotidiana as especificidades desses alunos: o seu jeito de ser, de vestir, sua linguagem, sua religião.

A referida escola foi escolhida por estar situada na Liberdade, um bairro eminentemente negro, que guarda tradições da história e da cultura da Bahia.

> "A data era 2 de julho de 1823. Tropas do Exército Pacificador , reunidas pelo imperador D. Pedro I, marcham pela Estrada dos Bois, seguidas por voluntários que lutavam pela expulsão definitiva dos portugueses. Os heróicos combatentes consolidaram a independência do Brasil e ajudara a criar a fama do bairro que foi rebatizado de Liberdade [...]" (*A Tarde,* 6 jun. 1999)

A Liberdade é o bairro mais negro de Salvador e tem cerca de 280 mil moradores. Para perceber a movimentação existente no referido bairro, basta dar um passeio pela sua avenida principal – a Lima e Silva – onde se aglomeram feirantes, camelôs dificultando o tráfego intenso e a movimentação da população.

Como toda a população de bairros periféricos, os moradores da Liberdade vivenciam uma série de problemas: "ausência de um mínimo de infra-estrutura de serviços, a exemplo de áreas de lazer, arborização, redes de esgoto, coleta regular de lixo, além da varrição das ruas, segurança, limpeza, transporte, entre outros." (*A Tarde,* 6 jun. 1999).

O Curuzu, onde está situada a Escola Tereza Conceição Menezes, é uma das partes da Liberdade e vivencia problemas similares ao restante do bairro, com alguns agravantes, como as perigosas encostas, como a situada na Avenida Borges, e o surto de meningite que assustou a população em 1998 e que ainda hoje causa temor aos seus moradores.

Apesar das dificuldades vivenciadas pela Liberdade/ Curuzu, existia plena convicção, de que a Liberdade, enquanto local de efervescência cultural da cidade, com a maior concentração de população negra era onde a pesquisa deveria ser realizada. Afinal, a Liberdade abriga o MNU, o ILÊ AIYÊ, o BLOCO MUZENZA, entre outras entidades que desenvolvem trabalhos de conscientização com a população.

Percebe-se que o processo de construção de identidade se desenvolve nos diversos espaços pelos quais o aluno transita, mas, procurou-se privilegiar o *locus* do saber formal – a escola – buscando entender como a mesma se posiciona diante da diversidade cultural experienciada em Salvador, especificamente na Liberdade/Curuzu.

Segundo a bibliografia pesquisada, entre as carências encontradas nas pesquisas efetuadas no campo educacional, uma das mais prementes é a falta de articulação entre as categorias de raça e educação. Isso ocorre, apesar das evidências históricas e estatísticas apontarem o grande número de negros na população brasileira, e, especialmente em Salvador, onde foi realizada a pesquisa. Já estamos percebendo um aumento significativo de pesquisas recentemente elaboradas e que enfatizam a necessidade de articulação entre essas categorias.

Parafraseando Gomes (1995), é necessário discutir a escola, considerando o(a) professor(a) e aluno(a) como sujeitos sócioculturais, sexuados e possuidores de pertinência racial. Mascarar essa realidade é adotar uma prática racista, sexista e excludente.

Os Movimentos Sociais, o Movimento Negro, os profissionais e pesquisadores comprometidos com a questão racial, avançam no sentido de incorporar a diversidade étnico-cultural no seu discurso e nas suas pautas de ação. A escola não pode e não deve perder o trem da história. Para tanto, é urgente compreender e aceitar as diferenças – somos todos brasileiros, mas nossas origens nos fazem diferentes.

Nesse contexto, buscou-se compreender o que ocorre na escola, na prática dos profissionais, nas relações internas, que influenciam no processo de construção de identidade étnico-cultural. Isso passa por alguns pontos fundamentais – currículo, livro didático, relação professor-aluno, relação entre os próprios alunos. Ressalta-se, porém, que, na perspectiva deste trabalho, o foco principal de interesse é o aluno e a relação que ele estabelece com as demais pessoas – colegas, funcionários, professores, direção – no espaço da escola.

Enfim, busca-se apreender, pela polifonia desses sujeitos históricos o que é ser aluno negro no Bairro da Liberdade/ Curuzu, o significado disso na sua relação com o mundo, na representação de si mesmo e do outro.

2. A PESQUISA

Segue os pressupostos que definiram a escolha do sujeito e do referencial teórico-metodológico que foi usado nessa pesquisa:

Os alunos não conhecem a sua história, não conhecem a história do povo negro. Não conhecem a África, berço de nossa ancestralidade, não sabem como os africanos foram escravizados e vieram para o Brasil, não conhecem as histórias de luta e resistência do povo negro no mundo inteiro, não conhecem a importante contribuição do povo africano e seus descendentes na formação da sociedade brasileira, contribuições essenciais em todas as áreas do conhecimento e na construção da História do Brasil. Enfim, não conhecem um mundo que é seu e que se define sem reconhecer a presença africana e indígena em sua construção. De acordo com Moura (1995), "não só roubaram-lhes as riquezas, mas suas culturas, crenças e costumes, línguas, religião, sistema de parentesco e tudo o que durante milênios esses povos construíram, estruturaram e dinamizaram."

2.1. O Negro na Sociedade é visto e/ou associado a coisas negativas

As idéias negativas criadas em torno do afro-brasileiro ao longo dos anos e reforçadas pela escola são fundamentais para a compreensão de como se dá o processo de construção de identidade. "O negro é feio, malvado, incapaz, com atributos físicos não humanos e constitui-se de uma minoria social." (Silva, 1995, p. 32).

Que indivíduos gostariam de ser associados a coisas negativas? Imaginem a repercussão desses estereótipos na cabeça de uma criança em seu processo de formação, e que necessita de modelos para construir o seu próprio eu. E um adolescente, que experiência uma fase de definições, de construção de valores e afirmação pessoal.

Os "negros" são diluídos numa escala de cores - "acastanhada, cor de burro quando foge, cabocla, cabo verde, café com leite, canela, morena, mulata, sarará" (IBGE, 1976). A existência dessa variedade de nuances de cor da pele, essa dificuldade de se identificar enquanto negro, vai escamoteando o processo de construção de étnico-cultural.

Segundo o Professor Kabengele Munanga (1996, p. 185), no Brasil a classificação racial é bem diferente da classificação existente nos Estados Unidos e na África do Sul. Aqui a classificação racial se dá baseada na marca e na cor da pele, diferentemente do que ocorre nos Estados Unidos e África do Sul, onde o que importa é a origem, o sangue.

A IDEOLOGIA DO BRANQUEAMENTO E O MITO DA DEMOCRACIA RACIAL

Bem discutido por Ana Célia da Silva, em seu livro *"A discriminação do negro no livro didático"*:

> A ideologia do branqueamento defendida por homens como Rui Barbosa, Euclides da Cunha e Joaquim Nabuco, na sua obra O Abolicionista, nos dá um exemplo de racismo e da ideologia da inferioridade inata dos negros: "absorver o sangue caucásico, vivaz, energético e sadio que certamente embranqueceria o nosso povo". A inculcação de um estereótipo inferiorizante cria uma rejeição a

> si mesmo, uma não aceitação do outro assemelhado étnico e a busca do branqueamento.
>
> O mito da democracia racial é baseado numa igualdade de oportunidades para todos, onde dois argumentos são fundamentais: "a determinação dos critérios de classe no processo de atribuição de status e de relacionamento individual e a ausência de hostilidade manifesta e de violência entre brancos e pessoas de cor".

É evidente que o mito da democracia racial é uma tentativa de camuflar o racismo existente no Brasil, além de bloquear a organização negra e o reconhecimento da existência da população afro-brasileira e sua contribuição. E, conseqüentemente, internalizado pela sociedade, consegue manter o negro subordinado socialmente, inferiorizado e sem oportunidade de se articular politicamente.

A ausência das discussões raciais na família, na comunidade, na escola – espaços fundamentais na formação do indivíduo, o aluno, provavelmente vai descobrir que é negro na sua relação com o outro (vizinho, colega, professor), no momento em que as diferenças são estabelecidas, pois "o caminho arado na construção das identidades entra logo em conflito com os olhares, os apelidos, as desconfianças do contexto mais próximo: vizinhanças, amizades" (GOMES, 1995).

A não visibilidade dos negros nos meios de comunicação (televisão, revistas, jornais), nas faculdades, nas escolas particulares, nos cursos de línguas, nos altos escalões dentro das empresas, em vários blocos carnavalescos. Enfim, uma ausência de modelos, através dos quais os alunos negros possam se reconhecer.

A opção pelos pressupostos apresentados partem de dois eixos essenciais: o processo de leitura e vivências no campo da educação com alunos que em sua grande maioria são de origem africana.

Diante do tema estudado, das questões levantadas, dos sujeitos da pesquisa, dos pressupostos delineados, ficou definido que do ponto de vista teórico-metodológico a análise partiu das abordagens qualitativas. Sendo que, em relação ao método de procedimento, a opção foi pela utilização do estudo de caso como técnicas de coleta de dados foram utilizadas a observação participante, o questionário fechado e entrevista semi-estruturada.

3. OS SUJEITOS DA PESQUISA

Dos 103 alunos que responderam ao questionário inicial, 30 foram selecionados para construir a amostra da segunda parte da pesquisa. Para a escolha, levou-se em consideração a existência de episódios de discriminação racial, contradições no discurso, participações em entidades do movimento negro, entre outras.

3.1 Uma breve caracterização

a) Cor

No questionário, em relação a sua própria cor, os alunos pesquisados se definiram assim: negros (24), amarelos (3), mestiços (2) e moreno (1). Esses dados nos revelam uma predominância de alunos que se definem como negros, mas, temos um números significativo de alunos que não se acham negros - amarelos, mestiços, morenos. Entretanto no momento da entrevista semi-estruturada, conversando com mais profundidade sobre cor/raça, categorias essenciais neste trabalho, foram percebidas muitas contradições entre o que estava escrito e a fala dos entrevistados.

b) Gênero e escolarização

Existe uma predominância de alunos do sexo feminino (19), em detrimento dos alunos do sexo masculino (11), reafirmando a tendência explicita nos dados levantados nos questionários (103 alunos, sendo 63 do sexo feminino e 41 do sexo masculino). Isso evidencia um número maior de meninas negras nas últimas séries do Ensino Fundamental – infelizmente essa idéia não pôde ser referendada porque não foi encontrado nenhum estudo mostrando a relação entre raça e oportunidade educacional, enfatizando a questão de gênero.

c) Faixa etária e escolarização

A idade média encontrada entre os alunos das três turmas é 16 anos. Entretanto sabe-se que essa idade média falseia a realidade, pois, não exprime com exatidão as idades dos alunos, uma vez que foram encontrados alunos com 14 anos, mas também alunos com 20 anos, o que configura uma defasagem na relação idade/série. Na escola, a organização das turmas ocorre de acordo com a ordem de matrícula, fazendo com que alunos de idades bastante diversificadas estejam numa mesma turma. Foram encontrados por exemplo, numa mesma turma, alunos de 14 anos junto com alunos de 25 anos, alunos que tem níveis de interesse diferenciados. Isso gera dificuldades na relação entre alunos (que falam linguagens diferentes, tem interesses diferentes, aprendem em ritmos diferentes...), na relação professor-aluno e o mesmo no processo ensino-aprendizagem, pois o professor procura adequar metodologia, recurso, sexercícios de acordo com a realidade experienciada pela maioria de sua turma.

d) Religião

Quanto a religião, a maioria se define como católicos (24), mas, encontramos alguns que dizem não ter religião (4), que freqüentam o Candomblé e que freqüenta a Igreja Batista (1). Entre os alunos católicos, encontramos muitos que dizem freqüentar o Candomblé, mas, se definem formalmente enquanto católicos, mostrando a hegemonia do catolicismo. Os estudos mostram que a hegemonia dos ideais do catolicismo foram construídos historicamente, ainda com os ancestrais que foram expropriados de tudo - sua historicidade, sua língua, seus costumes, seus valores e sua religião. Machado (1999) afirma:

> No processo de "igualar" o negro compulsoriamente, não pode ser desprezado o papel da religião oficial e da Igreja, que se torna a maior aliada do sistema escravagista e maior monopolizadora da terra.
>
> Deste modo, a religião oficial infunde sua expressão simbólica, produzindo um desnivelamento de valores sócio-culturais. Sutilmente e de maneira total, ela obrigava, pelo batismo compulsório, aos novos participantes da sociedade, "um compromisso emocional e intelectual" com o novo sistema de crença. Sistema organizado sobre o qual devia fundamentar suas vidas, suas relações com o ambiente e com o senhor. Professando a "mesma fé" e utilizando a mesma linguagem, é retirado do africano símbolos vitais de identidade cultural.

A religião católica, mesmo estando mais presentes no discurso dos alunos como expressão da dominação colonialista, na prática efetiva coexiste com outras cerimônias sócio-religiosas baianas.

Siqueira (1998) nos fala das cerimônias socioreligiosas na Bahia, que expressam formas estratégicas de convivência entre aportes culturais e religiosos diferentes. Entre elas: A Festa do Ano Novo, A Lavagem do Bonfim, Festa de Iyemanjá, Festa da Boa Morte, Os carurus, As missas de Segunda-feira na Igreja de São Lázaro, A bênção da Terça-feira, na Igreja de São Francisco, As sextas-feiras do Bonfim.

Alguns alunos, falam um pouco sobre suas vivências no Candomblé... Isso evidência que apesar de se dizerem católicos, os alunos fazem incursões pelo espaço do terreiro. Lépine (1981) diz: "Um terreiro de Candomblé tem a sua gente, seu pedaço de terra, suas técnicas tradicionais de trabalho, seu sistema de distribuição e de consumo de bens, sua organização social, bem como seu mundo de representação".

> "Já fui ao Candomblé, não é ruim não. Não tem nada de mais, o pessoal dançando, o negócio do batuque." (Anderson Santos).

> "Já fui ao Candomblé uma vez, mas, freqüentar sempre não. Eu achei legal, é coisa da Bahia mesmo, cheio de crença assim, o Candomblé, Eu achei legal, não discrimino em nada." (Eronildes Gonzaga).

Essas duas falas reforçam a idéia passada por alguns veículos de comunicação do candomblé como espetáculo, sem uma significação mais profunda, aquela coisa "folclórica" da Bahia, algo para turista ver.

Candomblé é entendido aqui como "parte de uma continuidade cultural africana, reelaborada na Bahia enquanto movimento de busca e reencontro de uma grande maioria de pessoas negras como um espaço de identidade e uma forma de enfrentamento da sociedade global" (SIQUEIRA, 1994).

Alguns discursos mostram vivências mais densas dentro do Candomblé, também uma maior receptividade, mais respeito e apreço pelo seu ritual:

> "Já fui ao Candomblé, um bocado de vez. Quando tem algumas festas [...] Eu gosto de ver as pessoas de Yansã, as pessoas dando santo [...]" (Quele da Silva).

> "Já fui ao Candomblé, aí no terreiro de Dona Hilda, uma festa que teve. Dona Hilda, a mãe do Vovô." (Aline Pitta).

> "Os terreiros se constituem como espaços sociais míticos e rituais sob a responsabilidade de uma hierarquia cujo representante é chamado Pai ou Mãe de Santo. A dinâmica se realiza sob a ação de uma força vital denominada Axé, que unifica, simbolicamente, vivos e mortos." (SIQUEIRA, 1993).

A informante (Aline Pitta) se refere a Iyalorixá Hilda Dias dos Santos, Mãe Hilda, do Terreiro Ilê Axé Jitolu, no Curuzú/Liberdade próximo a Escola Tereza Conceição Menezes. O Ilê Aiyê, a primeira instituição brasileira a mostrar a identidade negra nasceu dessa casa.

Muitos criticam ainda hoje a inserção de crianças nos rituais do Candomblé. Isso reporta a frase de Mãe Stella (Iyalorixá Maria Stella de Azevedo Santos, Mãe Stella, Iyá do Terreiro do Ilê Axé Opô Afonjá): "Se em toda religião as famílias encaminham seus filhos para sua crença, porque a proibição no Candomblé?" Isso mostra que as famílias ligadas ao Candomblé 'podem' e 'devem' educar os seus filhos, dentro dos seus rituais, ainda que os seus filhos posteriormente façam outras opções religiosas.

Uma das alunas diz, mostrando as obrigações pertinentes às pessoas de santo:

> "Eu gosto de ir pra Candomblé. Eu já fui pra muitos. Sei lá, eu acho interessante, eu queria até participar, mas quando me disseram que tem que fazer isso e aquilo, aí me disseram: 'Aí você tem que perder caso tiver, tem que perder uma festa, um trio que tiver, tem que ficar aqui pra bater'. Aí peguei disse ela: 'Tô fora'. Tem gente da minha família que é de Candomblé, tem uma tia que fica falando dos Orixás, os escravos, Obaluaê, o Velho, nê? A outra também, uma que faleceu também era, mas não pretendo seguir. Eu acho bonito, interessante que mostra realmente nossa cultura, nossa religião, mas eu não entrar não". (JANDAÍRA SILVA).

O discurso acima retrata que apesar do gosto pelo Candomblé, a garota não faria a opção pelo mesmo devido às obrigações inerentes ao Candomblé, ela preferiria usar o seu tempo de outra forma.

> Sacrifícios, oferendas, serviços rituais de natureza diversa e festas cerimoniais, expressos em dois tempos fortes, dão a dinâmica ao terreiro: 1) os ritos de iniciação, 2) as festas cerimoniais do calendário em homenagem aos Orixás. Essas celebrações asseguram a reunião da coletividade. Definem formas de pertencimento à comunidade. Potencializam o crescimento e a consolidação do sistema, ampliando suas bases e assegurando o funcionamento. (SIQUEIRA, 1991).

A opção da informante difere, por exemplo, das crianças do Opô Afonjá:

> Aqui na raça, toda criança tem um sonho. Um quer ser ogã, outro quer ser alabê... É sempre assim". Eu entendo que este sonho pode ser traduzido como parte de um projeto de vida. Sonho que faz parte da realidade do Opô Afonjá. Sonho que é resultado de uma conduta apreendida significativamente. Ignorar essa conduta equivale a esvaziá-los dos seus "sonhos". Equivale a uma punição que destrói o "ser total", onde me refiro aos equívocos construtores de vazios. O "ser total" do qual estou falando é o resultado da existência cultural, do ser individual e do ser histórico. Sendo assim, reafirmo que a importância desta minha experiência está no fato de fazer com que a criança, ao situar-se no mundo utilizando as referências do seu meio ambiente, adquira novos conhecimentos sem perder a perspectiva do seu grupo e da sua própria identidade cultural. (MACHADO,1999, p. 127).

Entretanto existem alunos que tem outras vivências religiosas e fazem questão de ressaltar isso: "Já participei de culto protestante. Minha tia é protestante: batista. Então ela me levou lá algumas vezes e eu foi sem compromisso" (Cláudio Gomes).

O discurso de outros reforça a importância que a religião desempenha na vida das pessoas, enquanto "tábua de salvação" para enfrentar os problemas do mundo moderno:

> "Eu já fui em Igreja sim, mas, não me apego porque acho que hoje em dia as pessoas se apegam muito à religião, qualquer que seja a religião, só para Ter algum motivo para viver, alguma coisa em que acreditar... A gente precisa acreditar em alguma coisa, seja Igreja Católica, seja Candomblé [...] Qualquer coisa tem sentido [...]" (Josiel Cruz).

e) Local de Residência

Uma grande parte desses alunos mora na Liberdade (21), sendo 12 no Curuzu e 9 em outras partes da Liberdade. Os outros moram em bairros circunvizinhos como San Martin (5), Santa Mônica (1), Pero Vaz (1), Capelinha de São Caetano (1) e somente uma aluna mora mais distante, no subúrbio de Itacaranha. Esses números nos leva a pensar que a maior parte dos alunos estuda próximo à sua residência, facilitando muito o seu acesso à escola, pois, não precisam na maior parte dos casos de transporte coletivo para chegar à mesma, com isso podem chegar mais cedo e não tem motivo plausível para faltar as aulas, já que não precisam de dinheiro para o transporte. Diante desses fatos me vem o seguinte questionamento: Será que isso não é mais uma tentativa oficial de reforçar as diferenças, de não permitir a esses alunos a oportunidade de sair do gueto em que estão colocados? Porque sair da Liberdade, significa conhecer outros mundos, partilhar novas experiências, enfim a possibilidade de re-criar a sua própria existência.

f) Como quem mora? / Estado Civil

Todos os alunos (30) são solteiros. A maioria vive com os pais e irmãos. Um número significativo (7) mora somente com a mãe e os irmãos, outros (3) com a mãe, irmãos e o padrasto e apenas um mora com o pai e irmãos. Os adolescentes que não moram com os pais estão na casa de tios, avós... Isso nos mostra que eles saem de uma tendência comum nos adolescentes / adultos de classe baixa que é casar (de papel passado, isto é, no civil) ou morar junto (concubinato) bastante cedo.

Nesse grupo se encontra a única adolescente que fez questão de ressaltar que apesar de não ser casada (legalmente) tem um filho e que é apoiada pelo pai do filho, assim como pela sua própria família. Para ela, o fato de ter um filho não atrapalha em nada sua trajetória, pelo contrário, até estimula a construção de uma trajetória dinâmica de resultados positivos, porque tem que pensar no futuro do filho que de certa forma, depende muito do que ela e o namorado conseguirem construir.

g) Atividade que desempenha

Desses alunos (30), apenas 2 trabalham fora – um é auxiliar de refrigeração e o outro estagiário na Governadoria no Centro Administrativo da Bahia. Entretanto temos um que auxilia a família na venda de cerveja em casa. Sendo que este aluno se sente velho (com apenas 15 anos), consumindo, preocupado com muitos problemas a resolver: arranjar um trabalho.

h) Renda

No grupo pesquisado a distribuição de renda, segundo declaração dos informantes, é a seguinte: dezessete alunos possuem renda familiar de até dois salários mínimos, quatro alunos possuem de 2 a 4 S.M., cinco alunos quatro a seis S.M., dois de 6 a 8 S.M., e um alunos de 8 a 10 S.M. e apenas um não informou.

Esses dados refletem um pouco da realidade brasileira, onde uma grande parte da população vive em nível de miséria (onde as pessoas não possuem renda suficiente – no máximo até 1 salário mínimo – para comprar os alimentos básicos) ou em nível de pobreza (onde o valor da remuneração – entre

1 e 2 salários mínimos – apenas possibilita comprar alimentos básicos, mas faltam itens como material de limpeza, roupas, calçados). A Região Nordeste é a que possui a maior quantidade de pessoas nessa situação.

i) Diversão

Em relação a diversão eles gostam de assistir televisão, pagode, futebol, passear (zoológico, praia, teatro, cinema), festas, música, dança e leitura.

3.2 Percebendo a si mesmo(a)

Neste item aparecem os resultados da busca para compreender a percepção que os alunos da Escola Tereza Conceição Menezes constroem de si, através das suas histórias familiares, da concepção de ser negro, das representações sobre cor e também dos padrões de beleza.

Um dos conceitos fundamentais para a compreensão do objeto dessa investigação é o conceito de cultura. Perceber a importância do legado cultural dos antepassados é essencial no processo de construção de identidade. Uma vez que, apropriar-se deste legado permite uma maior conscientização e auto-afirmação em relação a si mesmo e à contribuição dos afro-brasileiros na formação da sociedade brasileira.

Para os antropólogos é um conceito essencial no seu exercício de fazer ciência. Entretanto, o conceito de cultura ultrapassa as barreiras da Antropologia, colocando-se como conceito importante em várias áreas do saber: Pedagogia, Sociologia, Literatura, História, Artes, entre outras. É um dos conceitos que apresenta bastante controvérsia no meio acadêmico e, consequentemente tem inúmeras definições; sendo que, essas definições não conseguem um "consenso" do que efetivamente seja cultura.

Segundo Tyler (apud MARCONI; PESSOTO, 1992, p. 42), em sua obra *Cultura Primitiva,* foi o primeiro a formular o conceito de cultura. Este conceito, largamente utilizado pelos antropólogos durante várias décadas, englobava todas as coisas e acontecimentos relativos ao homem. Ele propôs: "Cultura é aquele todo complexo que inclui o conhecimento, as crenças, a arte, a moral, a lei, os costumes e todos os outros hábitos e aptidões adquiridos pelo homem como membro da sociedade".

Devido as controvérsias em relação a este conceito – cultura entendida como comportamento apreendido, cultura enquanto abstração de comportamento, cultura enquanto idéias, cultura composta por objetos imateriais para uns, materiais para outros – cultura acaba se transformando num conceito muito amplo e incapaz de dar conta de todas as facetas que lhe atribuem. Na visão de alguns autores, entre eles Geertz, essa amplitude acaba por confundir mais do que explicar exatamente o que seja cultura. Neste trabalho, tentamos nos aproximar do conceito de cultura proposto por Geertz (1973, p. 14):

> Como sistemas entrelaçados de signos interpretáveis (o que eu chamaria de símbolos, ignorando as utilizações provinciais), a cultura não é um poder, algo ao qual podem ser atribuídos casualmente os acontecimentos sociais, os comportamentos, as instituições ou os processos; ela é um contexto, algo dentro do qual eles podem ser descritos de forma inteligível – isto é, descritos com densidade.

A escola, de modo geral, não reflete a cultura dos alunos, o contexto no qual eles estão inseridos, o modo como organizam e constrõem a vida. A escola não leva em consideração a diversidade racial dos seus alunos, a sua historicidade, a sua ambiência familiar, as especificidades do seu bairro, as experiências que eles trazem, o seu modo de falar, de vestir. Isso está explícito nos mais recentes estudos que tratam da temática educação e diversidade cultural.

A escola, ao referir-se ao passado dos afro-americanos, associando-o exclusivamente ao limitado período da escravidão, mantém ignorados os oito milênios de história africana... Resgatar essa história significa contribuir para a re(construção) de auto-imagem positiva e auto-estima elevada dos afro-brasileiros (RIBEIRO, 1996, p. 168).

Em relação aos alunos da pesquisa, percebe-se que alguns deles nada conhecem sobre sua origem familiar e outros conhecem pouquíssimo. Isso pode ser percebido em suas falas:

> *"Eu não sei nada sobre a minha família."* (Patrícia Nascimento).
>
> *"Sobre os meus avó paternos eu não sei nada. Sei pouca coisa também sobre os meus avós maternos - minha vó era mestiça, tinha a pele clara, cabelos..."* (Helena Morais).

Freyre (1980, p. 498) nos diz: "Todo brasileiro mesmo o alvo, de cabelo louro, traz na alma, quando não na alma e no corpo... a sombra ou pelo menos a pinta de índigena ou de negro".

Outros informantes fazem questão de ressaltar sua mestiçagem com raízes européias (portuguesa, espanhola), ou mesmo indígena, em detrimento de sua ascendência negra. Ainda que se reporte a sua ascendência branca, o brasileiro certamente tem ainda que não explicitamente a pinta de "indígena ou negro", destacada por Freyre, "O meu bisavô era descendente de portugueses e a minha bisavó descendente de escravos".

4. A ESCOLA: INIMIGA OU ALIADA?

A maioria dos nossos alunos afirmam nunca ter sofrido nenhuma espécie de discriminação racial nas escolas em que estudaram e, mais especificamente na Escola Tereza Conceição Menezes. Ainda assim, foram encontrados alguns episódios de discriminação racial, contrariando a afirmação anterior. É uma questão de necessidade, de transformação desses espaços onde há uma desconsideração da questão racial, apoiada no mito da democracia racial que nega formas veladas, inexplícitas de discriminação racial cujo princípio básico é negar o conflito racial existente na sociedade brasileira, apoiada pela escola, considerada como um dos aparelhos ideológicos da reprodução do pensamento da classe dominante, de feição ocidental capitalista.

As experiências que eles trazem de outras escola deixaram marcas muito profundas, tanto assim, que eles só falaram sobre elas diante de muita insistência. "Já fui discriminada por colegas nas escolas em que estudei. Algumas não queriam que eu participasse dos trabalhos de grupo, diziam piadinhas. Horrível certos tipos de piadinhas" (Helena Morais).

A população brasileira constituída de três grupos raciais (índios, europeus, africanos) de cuja miscigenação nasceu o povo brasileiro, com uma diversidade de culturas que não se integraram efetivamente, pelo contrário há forte discriminação por parte dos setores considerados hegemônicos em relação às culturas indígena e africana. De maneira geral, a cultura trabalhada pela escola reporta-se simplesmente ao universo cultural europeu, em detrimento das outras contribuições culturais. Diante disso, na própria escola ficam estabelecidas posições privilegiadas (aos alunos que mais se distanciam dos caracteres que mostram o seu pertencimento à raça negra), e a discriminação se evidencia mais intensamente face a alunos explicitamente negros, a exemplo: "Na escola em que eu estudava um garoto branco sempre dizia: 'Neguinho, neguinho. Vai seu negro!'" (Anderson Cordeiro).

O neguinho, negro é dito pelos colegas como uma pecha. Nesta perspectiva o fato de ser negro inferioriza o indivíduo, mostrando o "seu lugar" na escola e o nível de convívio social da mesma, sinalizando a não-aceitação da diferença no seu espaço. "Os apelidos são a expressão mais desumanizante e desqualificadora do racismo, e a dificuldade em trabalhar com esta questão é tanto maior quanto ela também se 'naturalizou'[...]" (Presença Pedagógica, 1997).

A Escola Tereza Conceição Menezes é para os alunos um espaço de referências positivas. Eles afirmam gostar da escola pelos mais diversos motivos, apesar dos problemas vivenciados na mesma.

> "Gosto porque é onde eu aprendo coisas interessantes, aprendo a ter educação, é minha segunda casa" (Rogério Limoeiro).

> "Gosto do Tereza pela luta das pessoas nessa escola, pelo ensino que eles dão a gente, pelos professores que tem um trabalho legal" (Josiel Cruz).

Os alunos fazem questão de ressaltar que a referida escola realiza algumas experiências pontuais desenvolvidas por seus professores no âmbito de suas disciplinas em relação às questões étnico-culturais.

> "A minha escola sempre faz seminários, palestras, porque tem vezes que dentro da própria escola ocorre racismo" (Vanessa Silva).

> "Tem o professor de História, a de Geografia e a de Português. Somente os três comentam bastante sobre discriminação... Pouco tempo atrás estávamos falando, pesquisando sobre Steve Biko, Mandela, sobre esses revolucionários negros" (Orlando Andrade).

É evidente que essas experiências são de fundamental importância, mas a escola precisa desenvolver um trabalho conjunto de resgate às origens desses alunos, contribuindo assim para melhorar a sua auto-estima e consequentemente fortalecer suas identidades. Nesse sentido é fundamental repensar o currículo, a relação professor-aluno, a relação escola-comunidade e a postura da escola face às diferenças étnico-culturais. Logo, questiona-se: "Como pretender com esse modelo de educação que o negro encontre sua identidade cultural? Como esperar que esse mesmo indivíduo encontre conciliação psico-social como pessoa, tendo sua cultura negada em todo o seu processo educacional?" (MACHADO, 1999).

Outros alunos dizem que a Escola Tereza Conceição Menezes não discute a questão racial, apesar das experiências citadas pelos seus próprios colegas de turma.

> "Eu acho que devíamos discutir para que eu ficasse mais informado sobre a história dos negros" (Rogério Limoeiro).

> "Não existe discussão racial na escola. Disse que ia ter um seminário sobre racismo, mas não teve não" (Iomara Gomes).

Acredita-se que o Rogério e a Iomara não falam sobre as experiências de trabalho realizadas pelos seus professores, devido ao próprio caráter que elas assumem: descontínuas e restritas a determinadas disciplinas. No momento em que estas experiências extrapolarem o espaço da sala de aula, forem interdisciplinares, se transformando num trabalho contínuo, em conjunto com a comunidade, tendo como referência instituições como M.N.U., ILÊ AIYÊ, MUZENZA (existentes dentro do próprio bairro) certamente serão lembradas pelos alunos, pela própria transformação que serão capazes de implementar.

> Momento é chegado – mais do que chegado – de se criar uma escola que envolva as crianças negras na construção de um saber comprometido com o resgate de sua cidadania; sem isto, o desenvolvimento e a construção da democracia em nosso país ficam definitivamente comprometidos. (*Presença Pedagógica,* 1997)

De forma geral, os alunos afirmam ter um bom relacionamento com os professores, em decorrência do diálogo, respeito mútuo e do próprio trabalho desenvolvido pela Escola Tereza Conceição Menezes.

Encontramos, porém, o caso do Professor X que aparece nos discursos de diversos alunos, como aquele professor que não tem um bom relacionamento com os alunos – "chato, grosso, nojento, não tem diálogo, não procura compreender". Coincidentemente o Professor X é um dos poucos professores brancos da escola, fato que faz refletir se a sua dificuldade de relacionamento com os alunos , negros, moradores de um bairro predominantemente negro, pode ocorrer em função da sua própria incapacidade, construída e reforçada socialmente, de se relacionar com o outro, o diferente.

Algumas falas mostram explicitamente episódios de discriminação dentro da própria Escola Tereza Conceição Menezes.

> "Já me senti discriminado e não dei a mínima, não me entreguei. Nem quero falar sobre isso." (Jefferson Costa).

> " A professora X me trata de maneira diferente. Ela marca uma hora aí eu chego alguns minutos atrasado ela não me deixa entrar, mas, outra pessoa tinha acabado de chegar e ela deixou entrar." (Rogério Silva).

> "A Professora X falou que aqui na escola tem um Pelé. Ele é chamado de Pelé porque é negro... Eu acho que a Professora X tem implicância porque ele chega tarde... Outro dia chegaram duas meninas às 08:01... Ele chegou às 08:03 e ela não deixou o menino entrar, fechou a porta e ele ficou aí fora. As meninas acham tanto quanto eu, que é racismo [...]" (Quele Silva).

5. "E O FUTURO A DEUS PERTENCE?"

Os alunos querem "ser alguém" na vida, ou seja, melhorar a situação sócio-econômica. Isso na concepção deles passa pela dedicação aos estudos, esforço, persistência e muita luta. Com essa melhoria, uma parte deles pretende ajudar a família, construir suas próprias famílias e ser feliz, muito feliz. Eis os sonhos de alguns deles:

> "Arranjar um bom emprego, ter minha família, ser um bom elemento na sociedade. Espero poder conhecer muitos lugares e ficar em paz com meu coração." (Rogério da Silva).

"Os meus planos são de estudar para ter um futuro melhor. Quero fazer vestibular... Posso ser negra, mas, minha cor não vai me impedir de ter um futuro melhor. Nunca pretendo desistir dos meus sonhos." (Gerinalda Rodrigues).

"Quero ter uma família, um bom emprego, saúde e o resto consigo com os meu esforços. Espero que um dia não haja mais racismo no mundo e, que o convívio entre negros, brancos, índios seja de PAZ." (Orlando Andrade).

"Espero que cada estudante e cada trabalhador brasileiro incorporando os ideais de Zumbi dos Palmares lutem por uma escola, um trabalho e um salário mais justo." (Adriana Conceição).

6. CONCLUSÃO

Nesta pesquisa algumas questões foram priorizadas, entre elas, a relação entre o processo de construção de identidade étnico-cultural de alunos negros e o trabalho da escola no que diz respeito às questões ligadas à diferença. Percebe-se um descompasso entre o vivido/construído pelos alunos e o discurso/ação implementados pela escola. Através das vozes dos sujeitos foi possível conhecer suas histórias, suas idéias, seus conflitos pessoais, suas angústias, suas dores, suas expectativas e sonhos; além das suas vivências dentro dos mais diversos espaços sociais, especificamente, no espaço da escola.

O estudo feito na Escola Tereza Conceição Menezes reitera que o processo de construção de identidade étnico-cultural de alunos negros é perpassado pela falta de informação desses alunos em relação à sua historicidade, o que compromete a aceitação de si mesmo e consequentemente a sua relação com o outro e com o mundo à sua volta. Os alunos, apesar do discurso que mostra contentamento com a sua condição étnica, deram indícios das contradições existente entre o discurso e o que ocorre na prática efetiva. Isso ficou explícito basicamente no momento de definição de cor, onde os alunos a depender da situação se transformam em morenos, mulatos ou mesmo negros; mas também, diante das considerações em torno do que é considerado beleza, que basicamente se refere ao padrão europeu/branco em detrimento dos caracteres físicos mais aparentes entre indivíduos de ascendência negra. a exemplo da boca, do nariz e do cabelo.

Esses alunos acreditam em si e nos seus sonhos. Entretanto, em muitos discursos aparecem a dor e o medo da discriminação, o medo do fracasso, e muitas vezes, o fracasso efetivado. As evidências mostram que muitos já percebem que para realizar os seus sonhos terão que ser duplamente bons e, o que é pior, que as oportunidades não são iguais para todos, apesar das "garantias" constitucionais. Obviamente, as oportunidades diferenciadas não são explicitas, mas, aparecem disfarçadas em expressões como "boa aparência", "boa apresentação. "trajes adequados". Ainda assim, alguns alunos que continuam a afirmar que "todos são iguais", logo as oportunidades são iguais também; estes ainda não se dão conta da realidade brutal em relação às questões étnico-raciais vivenciadas no Brasil.

A fala de lrenea Ribeiro, supervisora da escola, ressalta a necessidade de se trabalhar a autoestima, capaz de melhorar o desempenho do aluno negro, fazendo-o acreditar no seu potencial como ser humano e como aluno.

> "Eles tem auto-estima. Eles se acham bonitos, o cabelo encaracolado, fazem penteados diferentes. Eu percebo que eles se sentem bem por serem negros. Agora, quando eles se sentem discriminados, eles reagem [...] Eles não tem consciência talvez do que seja auto-estima total. Como estudantes, eles não se vêem ainda que são tão capazes de aprender quanto os alunos de escola particular. Eles ficam admirados quando a gente diz [...] Você vai conseguir!"

A Escola Tereza Conceição Menezes está situada no bairro mais negro de Salvador, Liberdade/Curuzu. É fundamental que nela sejam repensados o currículo, a relação professor-aluno, a relação escola-comunidade e a postura da escola face as diferenças étnico-culturais. Foram ncontrados alguns trabalhos , organizados pelos professores no âmbito de suas disciplinas. Entre eles, o 1º Festival Afro-Americano de Arte e Cultura (ocorrido em 1997) e alguns seminários pontuais organizados pelo professor Walter, as aulas de Geogratia da professora Joseane (uma estagiária que logo deixará a escola) discutindo a África de forma diferenciada, as conversas assistemáticas sobre discriminação, racismo, preconceito, das professoras Adriana e Heloísa. Essas experiências foram de fundamental importância, mas, os alunos da Liberdade/Curuzu querem e precisam de uma continuidade: um trabalho conjunto de resgate às suas origens que contribua para re-construir a sua auto-estima e consequentemente fortalecer as suas identidades, tomando como parâmetro a efervescência cultural vivenciada no cotidiano do bairro, construída pela presença de instituições como o Movimento Negro Unificado - MNU, o ILÊ AIYÊ, o MUZENZA, entre outras.

A Escola Tereza Conceição Menezes já participou do Projeto de Extensão Pedagógica do llê Aiyê, onde eram promovidos encontros quinzenais com os professores, o que depois não foi levado adiante. Sendo que, uma das coisas que ficaram evidenciadas na época do projeto é que os professores do primário foram os mais engajados, com exceção de alguns professores do ginásio, o que é confirmado nos discursos dos alunos e da supervisora. Logo, não foi observada nenhuma modificação substancial na forma como a escola trabalha as questões étnico-culturais.

Em 1997, por exigência do patrocinadores, o projeto só continuaria nas escolas que tivessem pelo menos 25 professores engajados. Logo, o Tereza, pelo número reduzido de professores interessados, saiu do projeto. Percebe-se que as propostas de mudança estão vindo de tora para dentro, numa exigência da própria comunidade, e a escola necessariamente, mais cedo ou mais tarde, terá que absorvê-la.

Nesse sentido, cabe salientar que a escola é o espaço de socialização por excelência. um espaço no qual os conhecimentos construídos pela humanidade devem ser partilhados, um espaço que deve inserir nos seus discursos e nas suas práticas a diversidade – quer seja ela étnica, de classe, de gênero. A escola não pode e não deve perder o trem da história, mesmo porque caso não incorpore os temas ditos "transversais" – pluralidade cultural, ética, trabalho e consumo, saúde, orientação sexual e meio ambiente – ela não vai estar desempenhando sua função principal: formar cidadãos, quer sejam eles, negros, brancos, indígenas, pobres, ricos...

Os alunos dessa pesquisa sabem muitíssimo bem o que é cidadania e falam sobre isso: "Cidadania em primeiro lugar é conhecer a sua identidade social, conhecer de onde você veio, qual a sua cultura, a sua origem, suas raízes." (Orlando).

Enfim, a escola deve formar cidadãos, e, nesse caso em particular, cidadãos negros, uma vez que

> "saber-se negro é viver a experiência de ter sido massacrada em sua identidade, confundida em suas perspectivas, submetida a exigências alienadas. Mas, é também e sobretudo, a experiência de comprometer-se a resgatar a sua história e recriar-se em suas potencialidades." (Neusa Santos).

Espera-se que **NEGRAS IMAGENS: um estudo sobre o processo de construção de identidade de alunos negros da Escola Tereza Conceição Menezes, no bairro da Liberdade/Curuzu** possa indicar alguns novos caminhos em processo de reflexão de certas especificidades a respeito da problemática educação e diversidade cultural. Acredita-se ter contribuído com essa temática, no momento em que a proposta estabelecida foi investigar a realidade dos alunos do Curuzu, certamente diferente de outras realidades nacionais, apontando caminhos por eles percorridos, a partir da imagens que eles próprios fazem de si mesmos em relação à sua origem, a percepção em torno dos padrões de beleza, episódios de discriminação, a convivência das diferenças e a diferença do outro. O objetivo foi observar, ouvir, registrar, analisar estes dados articulando o ponto de vista educacional com as questões étnico-culturais, considerando a contribuição de autores que trataram destas questões e a fala dos sujeitos da pesquisa. Finalizando, urge reverter o quadro de exclusão que se apresenta na realidade educacional brasileira, transformando a escola num espaço democrático, propiciando aos nossos alunos um espaço que seja verdadeiramente de transformação social.

IMAGENS NEGRAS:
Ancestralidade, Diversidade e Educação

AUTORES:

- **Amélia Vitória Conrado –** Doutoranda em Educação, Mestre em Educação. Professora da Faculdade de Educação da Universidade Federal da Bahia - Salvador-BA.
- **Elias Lins Guimarães –** Doutor em Educação, Mestre em Educação. Professor da Universidade Estadual de Santa Cruz - Ilhéus/Itabuna - BA. Professor da Universidade Católica de Salvador.
- **Joseania Miranda Freitas –** Doutora em Educação. Mestre em Educação. Professora da Faculdade de Filosofia Ciências Humanas da Universidade Federal da Bahia.
- **Jussara Rocha Nascimento –** Doutora em Letras. Mestre em Artes. Socióloga. Assessora do Instituto do Patrimônio Cultural da Bahia - IPAC.
- **Maria Consuelo Oliveira Santos –** Doutoranda em Educação. Mestre em Educação. Professora da Universidade Estadual de Santa Cruz - Ilhéus/Itabuna - BA.
- **Maria do Carmo Araújo –** Doutoranda em Ciências Sociais. Mestre em Ciências Sociais. Professora da Universidade do Estado da Bahia - UNEB.
- **Maria Durvalina Cerqueira Santos –** Mestre em Educação. Professora da Faculdade Dois de Julho e da Secretaria Municipal de Educação de Salvador - BA.
- **Nanci Helena Rebouças Franco –** Doutoranda em Educação. Mestre em Educação. Professora da Faculdade Visconde de Cayru. Professora Visitante da Universidade Estadual de Feira de Santana - UEFS.
- **Organização: Maria de Lourdes Siqueira** – Doutora em Antropologia Social e Etnologia. Mestre em Ciências Sociais. Professora da Escola de Administração da Universidade Federal da Bahia.

Este livro foi composto em tipologia Gatineau e impresso em papel Offset 75 g/m² (miolo) e Cartão Royal 250 g/m² (capa), no mês de setembro de dois mil e seis.